关税排除机制的
政治经济学分析

GUANSHUI PAICHU JIZHI DE ZHENGZHI JINGJIXUE FENXI

姚曦 著

中国商务出版社
CHINA COMMERCE AND TRADE PRESS

图书在版编目（CIP）数据

关税排除机制的政治经济学分析 / 姚曦著. — 北京：
中国商务出版社, 2022.5
ISBN 978-7-5103-4278-3

Ⅰ.①关… Ⅱ.①姚… Ⅲ.①关税制度 – 政治经济学
– 研究 – 中国 Ⅳ.①F752.53

中国版本图书馆 CIP 数据核字 (2022) 第 083862 号

关税排除机制的政治经济学分析

姚曦 著

出　　版：中国商务出版社		
地　　址：北京市东城区安定门外大街东后巷 28 号邮编：100710		
责任部门：教育事业部（010–64243016）		
责任编辑：刘姝辰		
总 发 行：中国商务出版社发行部（010–64208388 64515150）		
网购零售：中国商务出版社考培部（010–64286917）		
网　　址：http://www.cctpress.com		
邮　　箱：349183847@qq.com		
开　　本：710 毫米 × 1000 毫米　1/16		
印　　张：12.25	字　　数：172 千字	
版　　次：2022 年 5 月第 1 版	印　　次：2022 年 5 月第 1 次印刷	
书　　号：ISBN978–7–5103–4278–3		
定　　价：65.00 元		

从关税战"后门"一窥全球产业链的纠葛

网络安全领域经常会提到"后门"的概念，也就是硬件制造、软件设计中存在的漏洞。在政策制定过程中，政府为了留有一定余地、保持政策的主动性，有时候也会给出一些例外，尤其是当这种政策涉及面广、影响巨大的时候。在国际经济贸易领域，关税的征收也有个"后门"——关税排除，不过这个"后门"的机制化和广泛使用，是从2018年中美贸易摩擦之后才正式开始的。

2018年以来，在中美贸易摩擦的背景下，美国单方面对中国加征关税涉及商品的金额高达3700亿美元，这极大地刷新了历史上数百亿美元的关税战金额纪录。在"杀敌一千，自损八百"的过程中，为了减少对自身经济的负面冲击，美国贸易代表办公室（USTR）在2018年首次对华加征关税之时就随之推出了关税排除机制。正如本书作者所言：关税排除机制是全球产业链深度嵌入的产物，由关税叠加排除机制造成的选择性加征关税结果，为一窥全球产业链的纠葛提供了绝佳途径。

纠葛之一：为什么要留"后门"？

2018年7月、8月，美国分别对中国出口的340亿美元、160亿美元商品额外加征了25%的关税。在对这两批清单的处理中，美国USTR分别收到了来自1221家、459家企业的10814份、2869份排除申请，其中被批准的排除申请占比分别为33.8%、37.4%，被排除的金额占比也相当可观。因此，这个"后门"对关税率起到了切实有效的下调作用。

这使我想起2015年访问新西兰奥克兰大学时听过的一则趣闻，这是与中国电影界渊源颇深的历史学教授克拉克告诉我的。20世纪50年代，新西兰出口到美国的一种水果——猕猴桃在出口美国时遇到了前所未有的困难。由于猕猴桃发源于中国，所以猕猴桃最早被翻译为Chinese Gooseberry。但是当时爆发了朝鲜战争，美国对带有Chinese字眼的产品特别忌讳，同时美国还对浆果（berry）类产品加征了关税。聪明的新西兰人灵机一动，把商品名称作了修改，用新西兰的国鸟Kiwi鸟来代替Chinese，用水果（Fruit）代替浆果（berry），从而产生了"奇异果"（Kiwi Fruit）的名称。这一做法很好地解决了对美国的出口问题，也避免了额外的关税。可是，美国商务部的官员真的这么傻，分不清Chinese Gooseberry与Kiwi Fruit的区别吗？当然不是。事实上对于信仰自由贸易的美国商务部官员而言，推出贸易壁垒政策是对国内民粹主义压力的一种无奈的响应，而对Kiwi Fruit的"善意误解"则是对民粹主义压力的一种纠偏。

关税排除措施也有类似的作用，即为加征关税的冲击提供了缓冲机制。在此过程中，一些信仰自由贸易的官员可以有相当大的政策空间加以利用。这在一定程度上可以解释，为什么加征关税之后还要留足"后门"。基于这样一种认识，我们团队，包括本书作者在内，一度认为美国在第三、四批关税清单的产品中会采取更高的关税排除比例，从而进一步降低实际有效的关税率。因为第三、四批关税涉及商品的金额更高，分别达到2000亿美元、1200亿美元，而且清单商品的平均对华依赖度大幅高于第一、二批产品。同时，基于第一、二批清单产品的排除比例较高，因此我们乐观地预期第三、四批关税排除比例会更高，但遗憾的是实际情况并非如此。在关税战推进的过程中，我们发现美国关税的"后门"越留越小。这也推动我们进行不断的反思。

另外，在对关税排除的跟踪研究中，我们对注塑模具、客车四缸发动机、印刷电路板、滚珠轴承等产品进行了调研和案例分析，本书也对这些案例进行了详细介绍。通过这些案例我们发现，美国针对不同类别商品拒绝排除的逻辑有所不同，其作用除前面提到的为关税冲击提供缓冲机制之外，事实上关税排除也可以起到对中国产业发展的引导和塑造的作用，压制中国战略性产业发展，甚至将中国产业链锁定在低端。

纠葛之二：为什么要把"后门"留小

2018年9月、2019年9月，美国第三、四批关税清单出台，涉及从中国进口商品的金额分别为2000亿、1200亿美元，额外加征的关税率分别为10%和15%，之后的2019年5月和2020年2月，两批关税率分别调整到了25%和7.5%。这两次加征关税涉及金额在历史上前所未有，中美关税战进入了白热化阶段。因为第三、四批产品的平均对华依赖度大幅上升，而且本身金额巨大，这也意味着美国更加难以找到可以替代的进口来源。因此我们曾经预期，第三、四批产品的关税排除比率会在第一、二批相当可观的基础上进一步提升；但是更高的关税排除比率并没有发生。其中，第三批清单的排除过程中，美国USTR收到了30283家企业的排除申请，但是被批准的申请占比只有4.9%，远远低于第一、二批的通过比率33.8%、37.4%。考虑到清单3的金额有2000亿美元、税率为25%，在当时来看这一结果确实会对中美双边贸易产生很大影响。另外，从各种测算指标来看，清单4的排除申请通过比率也同样不乐观。可见，第三、四批关税清单中的"后门"越留越小了。

不仅如此，在关税排除一年期限到期之后，相当比例的商品也没有获得延期。本书的分析指出：2020年以来，2500亿清单（前三批清单）中的相当一部分排除商品未获得延期，恢复了加征关税。刨除未获得排除延期的商品，截至2020年8月底，2500亿清单产品的排除金额占比下降至0.9%～28.7%，这比排除到期之前的排除比率区间（1.5%～45.6%）明显收紧了。

这一现象表明：美国对华贸易/经济脱钩的决心非常明确，并且在稳步推进中，排除机制只是权宜之计。同时，正如美方智库机构所介绍的，美国USTR那些设计、执行排除机制的官员并不是经济学家——通常经济学家会更多倾向于自由贸易的信仰、更多理解关税扭曲带来的福利损失——而是律师。对于那些海量的排除申请，律师的视角显然与经济学家完全不同。在此我并不是想在道德或技术层面给经济学家和律师两个群体之间划上一道鸿沟，但是时任美国USTR代表的莱特希泽在美国律所与中国企业打交道的不愉快经历及其心理阴影，肯定对他的律师同事们产生了比较广泛的负面影响。当然这与整体上美国对华政策的舆论环境也有关系。总之，结果就是"后门"越留越小了。这种行为显示出的偏好说明，美国USTR及美国政府倾向于推动中美脱钩，这显然不是我们希望看到的，而是我们应当尽力避免的情况。

本书的进一步研究发现：在美国使用关税、关税排除的政策组合推动脱钩的过程中，美国的关税排除政策，供应链的复杂性比对华依赖度更加重要。也就是说，相对而言，关税排除审批会更加青睐于供应链具有高度复杂性的产品，而对于对华依赖度则并不十分看重。从500亿（前两批）清单来看，生产技术更复杂、供应链条更长，短时间寻找替代品较为不易的行业，排除比率较高。而进口金额上的对华依赖度，只是次要因素。本书也对这些内容进行了详尽的分析和研究。

纠葛之三：为什么有时候需要将"后门"扩大？

从前文分析可以看出，对于美国的对华战略，我们不能抱有幻想。但是，在特定条件下，考虑到美国的自身利益等因素，关税排除的"后门"仍可能会有所扩大。因为美国的不同阶层、不同部门也有不同的利益。这里再举一个例子：一家重要的中国科技企业被美国列入出口管制制裁名单之后，开始的时候其申请从美国进口的产品只有10%获得了出口管制的豁免，后来找到美国律所积极斡旋之后，其申请进口的产品有50%都获得了豁免。所以说即使中美贸易关系异常艰难，但在边际上也存有一定的空间，必要的时候也需要对利益进行争取和捍卫。

2021年上半年以来，美国通货膨胀压力显著上升，这已经在相当程度上影响到了美国民众对拜登政府的支持率。美国财政部长珍妮特·耶伦（Janet L. Yellen）曾多次批评对华加征关税的政策，她认为进口关税会增加国内市场上的商品价格，增加消费者和企业的费用，因此降低关税会起到减轻通货膨胀压力的效果。之后希拉里·克林顿也在公开场合对关税政策发表过批评言论。2020年，Mary Amiti，Stephen J. Redding，David E. Weinstein三位经济学家在国民经济研究局（NBER）的工作论文测算显示，美国加征的关税"几乎全部（almost entirely）转嫁给了美国企业和消费者"。美国其他经济学家的研究也基本都支持这一结论。2019年，我们团队在浙江、福建一带对出口企业进行了调研，结果虽然没有美国经济学家说得那么极端，但总体上观点也比较一致。

2021年下半年美国居民消费价格指数（CPI）通胀率维持在5%以上，美联储和美国政府继续对市场做心理按摩，并坚称物价上涨是暂时性的。在国际场合的联合声明讨论环节，直到2021年中期美联储代表也坚称面临的是物价压力（price pressure），而不是通货膨胀（inflation）压力。但之后通胀压力进一步上升，在2021年10月突破了6%，并向7%挺进。此后美联储对通胀压力的表述开始改口，货币政策也在同年11月快速进入了量化宽松的退出阶段。而在美国全面调降对华关税难度较大的背景下，美国贸易代表戴琪（Katherine Tai）于2021年10月在美国战略与国际问题研究中心（CSIS）的讲话中表示，美方将重启"有针对性的关税排除程序（Targeted Tariff Exclusions Process）"。该声明被认为释放了缓和中美贸易关系的信号。

但从美国USTR后来公布的具体方案来看，美方只是要对此前授予排除并获得过延期的商品（也已经过期）进行重新审核。根据USTR的说法，此前授予排除的商品超过2200项，而只有549项获得过延期。也就是说，只有这549项商品是此次"有针对性的关税排除程序"的审核范围；而此前没有被授予排除和被授予排除但未获得延期的商品，将仍然没有被排除加征关税的机会。该措施释放的信号意义大于其实际经济意义。2022年3月23日，美国政府宣布对其中352项中国产品恢复关税排除。这一政策的性质，是对原先明显缩小的"后门"又有所恢复，其出发点当然是美国自身的利益。

2021年12月以来，美国通胀率突破7%，并且在2022年2月达到7.9%，市场对2022年3月的通胀率预测为8.3%。在俄乌冲突和新冠肺炎疫情对全球供应链的进一步扰动之下，以及美国居民前期储蓄支撑（实际上也是前期宽松救助政策的滞后表现）之下，美国通胀率还将持续高涨。预计美国的高通胀压力将至少维持到2022年年末，甚至不排除还将持续相当长一段时间，因为美国等国家去全球化的政策努力本身就是推升"滞胀"的重要趋势性因素。

在此背景下，实质性地下调对华关税，对美国来说越来越成为一个有吸引力的方案。不过扩大对中国关税的排除比率也面临一定的政治压力，但是与直接全面下调对华关税相比，扩大关税排除的政治压力显然更低，也更具权宜之计的色彩，同时也符合美国平抑物价的努力方向。因此对于关税排除"后门"以某种形式扩大，虽然不十分乐观，但仍然有一定希望。这方面的政策也具有一定的风向标意义——中美相互的关税排除扩大，在一定程度上也可以成为两国在经贸领域释放善意、进入良性互动的一个阶段性起点。

综上，我们通过关税排除这个"后门"，已经一窥了中美在全球产业链当中的三个纠葛。事实上这个"后门"还可以帮助我们观察更多的复杂纠葛：由于关税排除机制往往是由企业申请、相关政府部门进行审批，其真实执行情况也为研究美国内部的利益集团问题、外部的地缘政治问题提供了绝佳案例。另外，如果转而从中国视角出发来观察关税排除又会得到一些不同的分析结论。这在本书的研究中也都有详尽阐述。

看到这里，读者应该已经发现，关税排除的研究有两个重要特征：

第一，关税排除是贸易冲突理论的重要视角。在过去全球化高歌猛进的时代，虽然偶尔也有局部的贸易摩擦和关税冲突，但一般范围小、烈度低。而在中美贸易的全面冲突之下，关税排除这一政策工具应运而生。在贸易冲突理论地位迅速上升的同时，关税排除也成为贸易冲突理论的重要分析角度，值得国际经济研究者继续深入探讨。

第二，关税排除的研究需要跨学科的视角。不仅涉及国际贸易，还涉及国际政治经济学的新视角。这也是本书书名中所强调的角度。在本书中，作者在分析美国对华关税及排除措施时发现，传统贸易政策的政治经济学分析框架失灵，无法完全解释中美贸易摩擦。在美国对华加征关税及排除机制当中，贸易政策的推动者、受益者与政策制定者之间，存在贸易政策需求、供给不匹配的问题，这表明美国压制中国的战略目标已经凌驾于追求经济效率和满足选民利益之上。

因此跨学科视角对于关税排除的研究非常重要。幸运的是，我们所在的中国社会科学院世界经济与政治研究所为这种跨学科研究提供了很好的土壤。2018年中美经贸冲突爆发以来，我们团队从贸易、金融、投资、科技、发展和国际关系等诸多领域持续跟踪，进行了大量卓有成效的研究工作。姚曦博士在其中的关税、科技、竞争中性等领域的研究工作非常突出，成为我们中美经贸问题研究团队的骨干之一。这本书也是姚曦博士在关税排除领域工作成果的阶段性呈现，对于国际经贸冲突领域的理论探索、政策研究都具有相当重要的参考价值。最后，我要祝贺本书的出版，并期待姚曦博士在这一领域取得更多的研究成果。

中国社会科学院世界经济与政治研究所

研究员　副所长　徐奇渊

无法逆转的大国博弈、深度嵌入的全球产业链，是我们这个时代最重要的国际政治和经济背景，而关税排除机制，恰恰是这两股力量在贸易政策领域的交汇点。2018年以来，中美开启了史上最大规模的贸易摩擦，为了缓解关税措施"伤敌一千，自损八百"的负面影响，排除机制作为关税措施的"后门"应运而生，引发更多思考，值得深入研究。一方面，关税排除机制是全球产业链深度嵌入的产物，由关税叠加排除机制造成的选择性加征关税结果，为一窥全球产业链犬牙交错的真实情况提供了绝佳途径。另一方面，由于关税排除机制往往是由企业申请、相关政府部门进行审批，其真实执行情况也为研究美国内部的利益集团问题、外部的地缘政治问题提供了绝佳案例。本书试图以小见大，以美国对华301关税及排除措施、美国钢铝232关税及排除措施这两个具有代表性的案例为出发点，基于丰富的数据和事实，综合运用经济学和政治经济学分析方法，对全球产业链、贸易福利、利益集团、国际经济制裁与反制裁等一般性问题进行深入探讨。本书分为九章，安排如下：

第一章，关税排除机制的历史沿革与时代背景。简要介绍关税排除机制的发展历程，以及美国对华301关税排除措施和美国钢铝232关税排除措施的运作模式，并对关税排除机制应运而生的国际政治和经济背景进行了深入探讨，明确本书的研究意义和主要学术贡献。

第二章，美国对华301关税及排除措施对全球产业链的影响。

关税排除机制在中美贸易摩擦的分析中比较容易被忽视，但事实上却有着不可小觑的影响，并且还是重要的政策信号。本章考察了美国对华加征关税排除机制实施以来的执行情况，及其对中美贸易和相关产业链的影响。一方面，获得关税排除之后的清单商品，对美出口情况得到了很大恢复，为中美关税摩擦造成的贸易冲击提供了缓冲；但由于政策不确定性的上升，此类商品仍受到一定的负面影响，体现为被排除商品的对华依赖度有所降低。另一方面，美国针对不同类别商品拒绝排除的逻辑有所不同，但无论是压制中国战略性产业发展，还是实现全球产业链去中国化，客观结果都是降低了美国相关产品的对华依赖度。

第三章，美国对华301关税及排除措施的政治经济学分析。本章引入政治经济学分析框架，对美国的利益集团和战略意图进行剖析。研究表明，传统贸易政策的政治经济学分析框架失灵，而该领域的最新进展虽然引入了深刻洞见，但仍然无法完全解释中美贸易摩擦。在美国对华加征关税及排除机制当中，贸易政策的推动者、受益者与政策制定者之间，存在贸易政策需求、供给不匹配的问题，表明美国压制中国的战略目标已经凌驾于其追求经济效率和满足选民利益之上。

第四章，中国对美301反制关税及排除措施的经济和政治影响。中国对美301反制关税排除措施分为两个部分，一是"清单排除"，二是"市场化采购排除"。本章考察了该措施的执行情况，及其对相关贸易和产业链的影响。中国反制关税排除措施缓解了对特定领域进口的负面影响，但由于政策不确定性的上升，该措施无法逆转中美相互依赖度的下降，脱钩迹象仍然存在。

第五章，中美互相加征关税及排除措施的福利影响。本章基于量化贸易模型，在多个贸易模型下，测算了中美互相加征关税及其排除措施的福利效应。结果显示，在开放经济条件下，中美相互加征关税并进行排除的负向福利效应都相对较小并可控；但如果中美全面脱钩，回到封闭经济状态下，则福利损失较大。另外，中间品贸易与规模经济，对于中国的福利效应有较大影响，中间品进口会来带技术进步与生产成本下降，而规模经济的引入则会放大这一效应，这在一定程度上说明中国仍然大幅受益于技术引进带来的经济增长效应。

第六章，美国钢铝232关税及排除措施对全球产业链的影响。美国特朗普政府于2018年以国家安全为由对进口钢铝产品征收232关税，并启动相应排除机制至今。本章考察了钢铝232关税排除机制实施以来的执行情况，及其对全球钢铝产业链的影响。结果显示，232关税使美国钢铝产品全球供应链更"安全"。通过国别豁免，232关税加强了加拿大和墨西哥两个邻近国家的供应链地位；通过产品排除，232关税维持了欧盟和日本等安全盟友国家的供应链地位，并大幅削弱了与中国和俄罗斯等竞争对手国家的钢铝产品贸易联系。此外，232关税的打击范围虽小，但在其影响下中国2020年出口美国钢铝产品的贸易额相比2017年已减半。拜登政府还将继续扩大232关税的使用范围以维持特定产品的全球供应链安全。

第七章，美国钢铝232关税及排除措施的政治经济学分析。美国钢铝产业在第二次世界大战之后逐渐衰落，美国通过各种贸易保护措施试图重振该产业，但始终未果。美国钢铝产品232关税的本国经济收益显然是得不偿失，但利益集团的政治影响力使得拜登政府也不敢轻易取消该关税。本章通过考察美国钢铝232关税排除决策的影响因素，对美国钢铝及其相关产业的利益集团和企业游说等问题进行剖析。

第八章，各国对美钢铝反制关税的作用机制与潜在收益。随着中美大国博弈进入相持阶段，美国运用关税、出口管制、投资限制等手段，单边发起国际经济制裁已经成为常态。对于主要被制裁国来说，如何进行反制裁、如何最大限度捍卫本国权益，就成为一个亟待研究的问题。本章从理论上厘清了国际经济反制裁的作用机制和潜在利弊，并以美国钢铝关税为例，提供了经济反制裁效果的实证证据。

第九章，关税排除措施新动向及政策含义。第一章至第八章的分析使得我们对关税排除机制有了更全面的了解和认识。在此基础上，本章从战略意图、经济影响、政策设计等视角，多方面总结归纳了关税排除机制对中国的启示，并提出具有针对性的政策建议。

目 录

第一章

关税排除机制的历史沿革与时代背景

关税作为最古老的贸易政策，是贸易摩擦中的主要手段之一。而作为关税"后门"的排除机制却相当年轻，在2018年中美贸易摩擦之后才开始大规模被运用。从历史上看，美日、美欧之间也曾爆发过较长时间的贸易冲突，而彼时所实施的关税措施，并没有伴随相应的排除机制。关税排除机制这一贸易政策的出现，有着独特的时代背景。本章回顾了美日、美欧贸易摩擦和其所使用的主要贸易政策工具；梳理了关税排除机制在中美贸易摩擦中所发挥的作用，并在此基础上考察其时代背景，得出国际政治形势和国际经济形势的深刻变革共同促成了关税排除机制出现的结论。

一、关税排除机制的历史沿革

（一）美日贸易摩擦

第二次世界大战之后，日本经济快速发展，产业结构不断转型升级，日本对美出口商品结构也随之变化。20世纪50年代，日本产业以劳动密集型的纺织业为主导产业；60年代，在美国技术转让和委托生产的支持下，日本逐渐发展起以化工、钢铁为代表的资本密集型产业；到了70、80年代，日本产业再次转型升级，家电、汽车和半导体等技术密集型产业快速发展。[①]日本产业结构和出口结构的转型升级，使得美日双方的互补式生产变成了同质化竞争，美日双边贸易由产业间贸易转向产业内贸易，美日产业内贸易指数由1962年的0.13，逐步上升至1990年的0.32。与此同时，美国对日本贸易逆差在1976年由负转正之后迅速扩大，由1976年的12亿美元扩大至80年代末的500亿美元左右，如图1.1所示。

---

① 雷小苗，高国伦，李正风.日美贸易摩擦期间日本高科技产业兴衰启示[J].亚太经济，2020（3）：65-73，150.

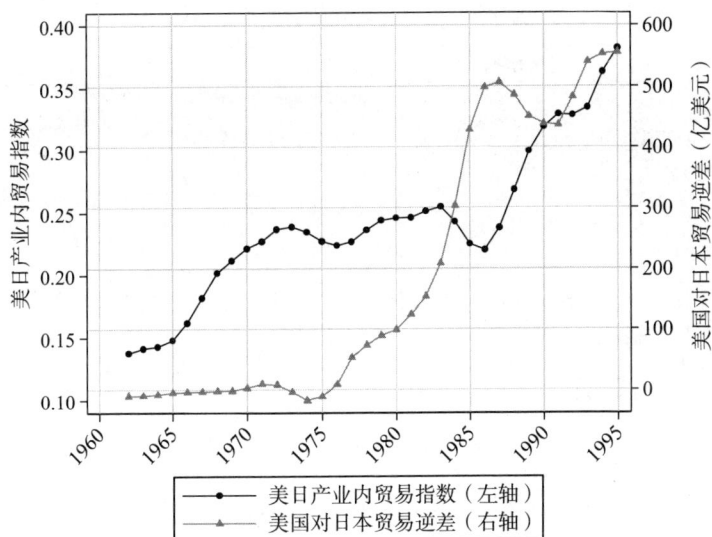

图1.1　美日产业内贸易指数与美国对日本贸易逆差1962—1995年

数据来源：UNcomtrade。

美日贸易摩擦在这样的背景下愈演愈烈，其发展进程大致可以分为三个阶段。第一阶段："二战"后至70年代中期，贸易摩擦逐步显现。贸易摩擦首先发生在劳动密集型行业，并逐步从轻工业产品扩展到重工业产品，包括纺织品、钢材、彩色电视机和汽车等。第二阶段：80年代综合型摩擦。日本逐渐成为美国的重要债权人，对美国经济的影响逐步从对某一具体行业的影响，转变为对宏观经济总体环境的影响。该阶段摩擦从由个别产品向尖端技术、农业和金融等综合型摩擦演变。第三阶段：冷战后贸易结构协商。1990年6月，美国和日本通过近10个月的协商，达成了一致意见——日本开放商品市场以及对部分行业日本公司的经营行为进行调整。20世纪90年代中期后，由于日本经济陷于停滞，日美贸易摩擦逐渐趋缓。[1]表1.1梳理了美日贸易摩擦具体双边措施。

①赵春明，何艳.对日美贸易摩擦的回顾与展望[J].现代日本经济，2001（4）:1-5，44.

表 1.1　美日贸易摩擦与双边措施

时间	行业	美国措施	日本措施	结果
20 世纪 50 年代	纺织品	多边与双边贸易谈判、基辛格外交渠道、Mills 配额法案、对敌贸易法第 232 条协定	要求以多边、GATT 框架内方式解决纺织品问题、自愿出口限制、轻工业向重工业转型、纺织工业转移至中国及东南亚	1957 年日美纺织品协定、1962 年日美棉纺织品长期协定、1972 年美日纺织品贸易协定
20 世纪 60 年代	钢铁	要求自愿限制出口、反倾销起诉、301 条款等	自愿节制出口	1968 年美日钢铁产品协议、1976 年日美特殊钢进口配额限制协定
20 世纪 70 年代	彩电	美国国际贸易委员会作出不利于日本的裁定、反倾销反补贴调查	自愿限制出口、政府鼓励厂家海外投资	—
20 世纪 80 年代	汽车	1980 年卡特汽车行业救济政策、要求自愿限制出口、开放市场	日本汽车厂商赴美国投资建厂、自愿限制出口、开放市场	1981 年美日汽车及零部件协议
	半导体	301 条款、反倾销诉讼、禁止日资在美投资与并购、贸易制裁性关税	第三国出口价格管制、对美出口产品价格控制、日本市场份额 20%	1987 年美日半导体协议
	电信	301 条款、系统性全行业市场开放	移除贸易壁垒	系统性全行业市场开放
	全行业	1989 年国家贸易评估报告、超级 301 条款	日本承诺 10 年投入 430 万亿日元公共投资、修正大店法、修改不利于外企投资的相关法律、调查商品价格并控制公共用品价格	日美结构性障碍协议

资料来源：中国金融四十人论坛研究部整理。

　　在美日贸易摩擦中，美国采取了攻势。首先，增加贸易壁垒、限制日本出口，包括征收反倾销税及惩罚性关税等价格调整措施，还多次针对日本的钢铁、电信、木材、医药、半导体等行业发起"301 调查"。其次，强调互惠性自由化政策，要求日本开放自身的市场，包括农产品（如牛肉、柑橘）、卫星、超级计算机、金融和服务等。最后，美国通过调整汇率来限制日本产品出口，提升美国产品的出口竞争力。1985 年 9 月，美国、日本、联邦德国、法国及英国签订《广场协议》，联合干预外汇市场，诱导美元大幅度贬值，对日本经济发展产生了限制作用。[①]此外,美国还调整国内政策,利用新技术对传统产业进行改造,促进产业结构向高技术产业转变,加强基础研发,促进新兴产业的发展,进而提升美国的市场竞争力。

日本表面上采取了低姿态的妥协态度,实际上是有限退让。早期,日本主要采取自愿出口限制的方式应对摩擦。美日1969年、1972年达成纺织纤维协定,日本"自愿"限制纺织品对美国的出口。随后自愿出口限制的产品范围逐步扩展到吞拿鱼、厨房用品、钢铁、电视机等。与美国实施进口配额相比,日本采取自愿出口限制的好处在于控制了出口配额的配置权,减小了摩擦损失。事实上,日本并没有完全履行限制出口的承诺。此外,日本一方面通过在美国设厂、生产、销售,减少直接的竞争和冲突;另一方面则通过向东亚、东南亚转移劳动密集型产业,保存国内在工业品上的领先地位,并开拓国际市场。最后,政府、行业协会与企业间的合作协调也为日本应对贸易摩擦提供了有力支持。

(二)美欧贸易摩擦

欧盟成立后,实现了内部商品、人员、资本和劳务的自由流通。欧盟的贸易主要是内部贸易,到1994年其贸易额占世界贸易的43%,对外贸易的80%是与发达国家展开的,主要为美国,日本占的比例很小。[②]与美日贸易摩擦发生在发达经济体和赶超经济体之间不同,美欧贸易摩擦发生在世界上最大、最发达的两个经济体之间,二者有着相似的经济发展水平和产业结构,但各自又有相对优势的产业。因此,美欧贸易摩擦是双方你来我往、攻守兼备的。

美欧贸易摩擦涉及农产品、工业品和金融服务业等多个门类。其中,农产品、钢铁和大型飞机的贸易摩擦较为突出。农业贸易摩擦是美欧贸易摩擦

---

① 肖河,潘蓉.大国竞争视角下的日美贸易冲突——对"广场协议叙事"的再审视[J].国际经济评论,2020(4):98-115.

② 沈四宝.美国、日本和欧盟贸易摩擦应对机制比较研究——兼论对我国的启示[J].国际贸易,2007(2):54-61.

中最主要、最持久的部分，截至目前，双方仍然就各自的农业补贴问题争论不休。而2002—2003年钢铁贸易摩擦则是美欧贸易摩擦中引起世界各国反应最激烈的一个。21世纪初，美国钢铁受到欧盟等的剧烈冲击，为保护国内的钢铁行业，美国宣布对来自加拿大、以色列、约旦和墨西哥除外的所有国家的14种钢铁产品进行出口限制。而波音和空中客车公司生产补贴争端则是美欧高科技产业贸易摩擦的代表案例。[①]

在美欧贸易摩擦中，短期内双方基本上采取了"以牙还牙"的争端回应方式。在农产品贸易摩擦中，美国指责欧盟长期对农产品进行补贴，并在2002年颁布农业安全和农村投资法案，对农业进行高额补贴。欧盟则要求转基因成分超过0.9%的进口产品须提供特别标注，甚至一度禁止转基因农产品进口，这大大影响了美国转基因农产品的出口。因而美国随后向世界贸易组织（World Trade Organization，WTO）提起诉讼，并威胁将对欧盟多个产品征收100%的报复性关税。在欧盟以激素为由禁止进口美国牛肉问题上，美国更是动用了"301条款"和《贸易与发展法》"407条款"，并对欧盟的多个产品进行每六个月一次的"循环报复"征税。在钢铁产品贸易摩擦中，欧盟针对美国发起的钢铁贸易制裁，迅速通过约24亿美元的报复性产品名单，并与其他国家一同向WTO提起诉讼。随着贸易战不利结果的凸显，双方才逐步回归谈判。

美欧在航空制造业关于补贴的争端，是高科技产业贸易摩擦的典型案例。航空制造业曾由美国波音公司高度垄断，到20世纪90年代欧洲大型飞机横空出世后，逐步呈现出波音公司和空客公司双寡头垄断的格局和此消彼长的竞争态势。波音公司成立于1916年，初期以生产军用飞机为主，60年代以后主要业务转向民用飞机。空客公司于1970年成立，由德国、法国、西班牙和英国等共同分担研发成本，生产大型客机。为规范政府对飞机制造业的资助行为，美欧之间进行了多次谈判，1992年达成以限制向商用客机制造商提供补贴为核心的双边协议。而在WTO的《补贴与反补贴协议》

---

① 王敏. 美欧贸易摩擦与多哈回合谈判[D]. 南京大学，2011.

（SCM）签订后，美欧之间1992年达成的协议作为SCM的例外存在，仍然有效，美欧继续对各自的飞机制造业提供大量资助。这为双方日后旷日持久的"大型飞机补贴争端"埋下了伏笔。[①] 2019年3月，WTO上诉机构对"空客诉美国政府补贴波音案"作出终裁，认定美国以华盛顿州税收减免形式向波音公司提供补贴非法，并导致空客公司遭受销售损失。而此前的2018年5月，WTO也曾判定欧盟补贴空客公司违法并损害了波音公司利益。这场旷日持久的贸易摩擦，双方输赢各半，难分难解，而且很难说会就此平息。[②]

（三）中美贸易摩擦与关税排除机制

围绕301关税的争端，是此次中美贸易摩擦的主线。2018年7月，美国依据1974年贸易法案的301条款，正式开始对中国输美500亿美元商品加征关税，中国随即宣布对等反击，中美贸易摩擦大规模爆发。此后，中美贸易摩擦经历了数次升级，直到2020年1月15日，双方签署中美第一阶段经贸协议之后，贸易摩擦停止了升级。但截至目前，美国仍然保留着对中国输美3700亿美元商品的301关税，堪称史上规模最大的关税摩擦。双方加征关税的具体情况见表1.2和表1.3。

表1.2　美国对华301关税清单概况

清单	涉及金额/亿美元		起征时间与税率调整时间	额外税率/%	代表性行业
1	340		2018.07.06	25	机械器具；电气设备；光学医疗设备；车辆
2	160		2018.08.23	25	电气设备；塑料制品；机械器具；钢铁制品
3	2000		2018.09.24	10	机械器具；电气设备；家具；车辆；钢铁制品；皮革制品
			2019.05.10	25	
4	3000	4A 1200	2019.09.01	15	电气设备；机械器具；玩具；服装；鞋靴；家具；塑料制品
			2020.02.14	7.5	
		4B 1800	未征收	—	

数据来源：美国USTR官网、美国联邦纪事官网。

---

① 徐曼，吕博等.美欧大飞机补贴争端[J].中国经贸，2013（11）:38-43.

② 姚曦.国际补贴规则的新动向及中国改革建议[J].东北师大学报（哲学社会科学版），2019（6）：147-150.

表1.3 中国反制关税清单概况

清单	涉及金额（亿美元）	起征时间与税率调整时间	额外税率及所涉及HS8税号数目	代表性行业
1	340	2018.07.06	25%（545）	农产品；汽车；水产品
2	160	2018.08.23	25%（333）	能源产品；化工品；汽车
3	600	2018.09.24	10%（2493）；10%（1078）；5%（974）；5%（662）	农产品；矿产品；化工品；塑料橡胶制品；皮革制品；木制品；纸制品
		2019.06.01	25%（2493）；20%（1078）；10%（974）；5%（662）	
4	750	4A 2019.09.01	10%（270）；10%（646）；5%（64）；5%（737）	农产品；能源产品；化工品；塑料制品金属制品；机电设备；汽车；光学仪器
		2020.02.14	5%（270）；5%（646）；2.5%（64）；2.5%（737）	
		4B 未征收	—	

注：汽车及零部件于2019.01.01—2019.12.15暂停加征关税，涉及211个HS8税目，其中清单一28个，清单二116个，清单三67个。

数据来源：中国财政部关税司（国务院关税税则委员会办公室）官网。

  与美国对华加征301关税同时启动的，还有相应的关税排除机制，该机制为美国相关进口企业大开"后门"，可以在一定程度上缓冲美国经济受到的负面冲击。中国也于2019年5月建立了相应的关税排除机制，甚至进行了政策创新，进一步建立了市场化采购排除机制。

  关税排除机制在此次中美贸易摩擦中得到了前所未有的关注，并成为调节中美经济的重要砝码。2021年4月以来，美国通胀压力显著上升，已经在一定程度上影响到了美国民众对拜登政府的支持率。美国财政部长珍妮特·耶伦（Janet L. Yellen）曾多次批评对华加征关税的政策，认为进口关税会增加国内市场上的商品价格，增加消费者和企业的费用，因此降低关税会起到减轻通货膨胀压力的效果。而在美国全面调降对华关税难度较大的背景下，美国新任贸易代表戴琪（Katherine Tai）于2021年10月在美国战略与国际问题研究中心（Center for Strategic and International Studies，CSIS）的讲话中表示，将通过重启关税排除程序来调节对华加征关税结构以确保美国的经济利益。[①]

关税排除机制在中美贸易摩擦中发挥了巨大作用，而在此前的美日贸易摩擦和美欧贸易摩擦中，情况却并不相同。在中美贸易摩擦大规模爆发之时，被用来作类比最多的是日美贸易摩擦，二者同是发生在赶超大国和发达大国之间，主要原因都是贸易不平衡。[②] 20世纪70年代开始，日本始终是美国贸易逆差的最大来源国，而中国在2000年左右取代日本成为美国最大的贸易逆差来源国，此后美中贸易逆差仍然增长迅速，到2015年已经超过3000亿美元，见图1.2。

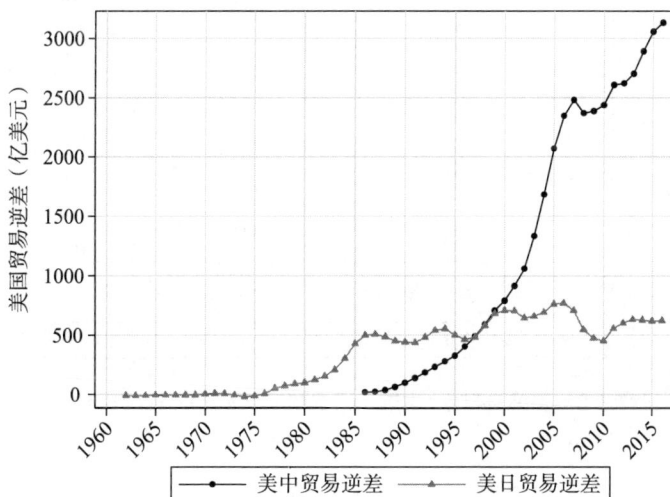

图1.2　美日贸易逆差和美中贸易逆差（1962—2016年）

随着全球产业链的深入发展，以中间品贸易为特征的产品内分工增长迅速，这使得相比于日美贸易摩擦时期，中美贸易不仅是市场和消费的连结，更是生产的连结。从图1.3可以看出，在日美贸易摩擦大规模爆发的20

---

① Katherine Tai. The Biden-Harris Administration's "New Approach to the U.S.-China Trade Relationship". October 04, 2021. https://ustr.gov/about-us/policy-offices/press-office/speeches-and-remarks/2021/october/remarks-prepared-delivery-ambassador-katherine-tai-outlining-biden-harris-administrations-new.

② 刘彬，明元鹏，陈伟光.守成国与崛起国的贸易摩擦——基于中美和日美贸易摩擦的比较分析[J].国际贸易，2019（12）:12-18.

世纪80年代，美国自日本进口的中间品约200亿美元，而到了中美贸易摩擦前夕，美国自中国进口的中间品超过了1000亿美元，是当时自日本进口的5倍。美国对华加征关税，不仅损害了其国内消费者的利益，还可能造成其国内众多厂商面临断供风险。在这样的背景下，关税排除机制成为美国必然的贸易政策选择。

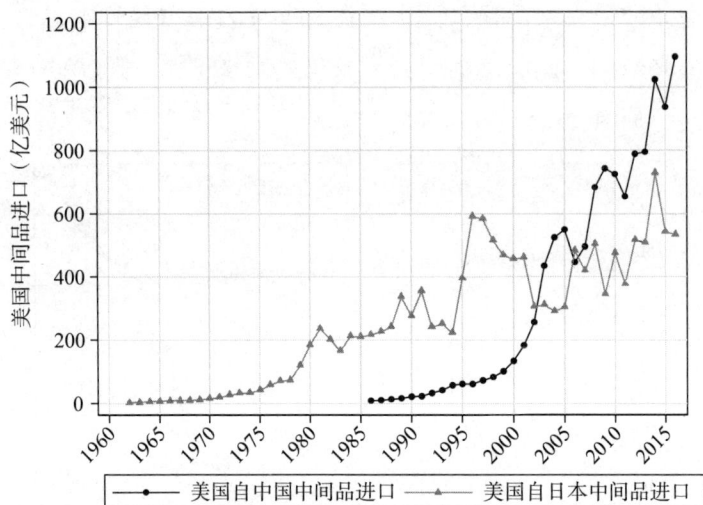

图1.3 美国自日本/中国中间品进口（1962—2016年）

二、关税排除机制的国际政治背景

（一）世界格局由"一超多强"到多极化发展

冷战结束之后，美苏两极结构让位于单极世界，形成了"一超多强"的世界格局。在这样的世界格局下，以美国为中心的全球治理体系得以建立，全球化随之飞速发展。而当前，世界格局的演变主要表现为"一超多强"格局的动摇。这一历史进程开启于2008年国际金融危机，最主要的推动因素就是大国实力对比的转向。中国经济实力发展之迅速大大超出了人们的预期，在经济总量上与美国快速接近，同时与排位第三及之后的各国日益拉开距离。从2009年到2019年的10年间，中国GDP占美国GDP的比重从

35%升至66%，中国GDP占世界第三大经济体日本GDP的比重从91%升至274%。①受新冠肺炎疫情与英国脱欧的影响，2021年中国进一步缩小了与美国的差距，且首次实现了对欧盟的超越，甚至开始动摇"一超多强"格局。作为超级大国的美国显露出制度颓势，相对实力快速上升的中国被美国视为假想敌。

与此同时，欧盟在应对多重挑战的过程中变得更加成熟、坚定和独立，逐步成为全球舞台上的一个关键博弈者。尽管存在一些短板，但欧盟具有雄厚的经济与科技实力、突出的全球规则设置能力、巨大的绿色发展理念影响力，并在应对新冠肺炎疫情冲击中显示出历史性地提升一体化水平的政治决断力。②世界格局或将因此呈现出中美欧三个超大经济体、多个中等强国并存的"三超多强"架构。③

面对世界多极化发展的趋势，在"一超多强"世界格局下发展成熟的全球治理体系面临重塑。"一超多强"格局动摇，使得保护主义将全球化带入崎岖路段，全球多边治理体系危机重重。2008年金融危机爆发之后，随着美国相对实力的衰退，以中国、印度等为代表的新兴市场和发展中经济体实力相对提升，美国认为其在现行全球治理体系中实现国家战略意图的难度上升、先行者优势下降，进而降低了支持现行全球治理体系的积极性。④尤其到特朗普政府时期，美国相继退出了联合国教科文组织、联合国人权理事会、巴黎气候变化协议、跨太平洋伙伴关系协定（TPP）、伊核协议、中导条约、世界卫生组织等国际多边机制和区域协定，阻挠WTO上诉机构改革，致使以WTO为代表的多边贸易机制改革严重受挫。全球多边治理体系进入瓦解与重构过程。当前，国际规则体系的演变呈现三方面特征：第一，全球化受阻，区域化盛行；第二，由强调贸易自由向强调贸易公平转变；第三，

---

① 张宇燕.理解百年未有之大变局[J].国际经济评论，2019（5）:9-19.

② 为应对新冠肺炎疫情的冲击，欧盟于2020年7月就7500亿欧元复苏基金达成历史性协议，进一步加强了基于统一货币、中央银行和对统一财政政策可信承诺的"三位一体"大经济体地位。

③ 张宇燕.后疫情时代的世界格局："三超多强"?[J].世界经济与政治，2021（1）:1.

④ 任琳."百年未有之大变局"下的全球治理体系改革[J].当代世界，2020（3）:60-65.

经济规则与政治立场之间的联系更加紧密。拜登政府虽然倡导"重返多边"，但并未改变当前国际规则体系的演变趋势。

（二）中美大国博弈进入相持阶段

2018年以来，始于贸易领域的中美大国博弈，迅速扩展到投资、金融和科技等各个领域。

在投资方面，美国海外投资委员会（Committee on Foreign Investment in the United States，CFIUS）对于相关法规的变革，体现了美国政府对待外国直接投资的从严态度。2018年8月13日，特朗普签署通过《外国投资风险审查现代化法》，此后CFIUS权限显著扩大，对中国投资产生了重要影响，特别是：（1）新增了对关键技术领域投资的审查，而且要求关键技术产品出口需要持有许可证，并满足出口管制要求。（2）强调对国有企业及"外国政府控制的交易"的审查。（3）扩大与盟国的信息共享，联手封锁中国的技术类投资。[①]在特朗普执政的2017年和2018年，中国对美直接投资的规模出现快速下降趋势，从2016年的460亿美元下降到2017年的290亿美元，降幅达37%。2018年更是降至48亿美元，同比剧减84%。基于历史经验和最新数据的研究发现，CFIUS的审查中存在针对中国的国别歧视，并且已有的审查结果将会带来显著的威慑效应，这正是中国对美直接投资出现大幅下滑的主要原因。[②]

在汇率和金融方面，美国对中国实施金融制裁的锋芒已经初露。美国财政部于2019年8月6日宣布中国为"汇率操纵国"，并表示将与国际货币基金组织（IMF）合作消除来自中国的不公平竞争。而此前，从原有的丹东银行、昆仑银行，到2019年6月传闻不配合美国调查的三家商业银行，美国金融制裁的现实及潜在威胁越来越大。不过由于中国经济和金融市场体量巨大、国际关联度高，美国难以对中国实施与伊朗、俄罗斯相同量级的金融

---

① 潘圆圆，张明.CFIUS权限扩展第一步：试点计划[J].中国外资，2019（7）:90-92.

② 陈思翀.中企对美投资是否受到歧视：基于CFIUS审查交易的分析[C].第八届CF40-PIIE中美经济学家学术交流会.2019年5月11日.

制裁，可能止步于对大型银行的罚款，以及对中型银行切断交易等低烈度制裁。

在科技方面，美国对中国展开了全方位科技竞争策略。首先，在双边层面上做强自己并打压中国。美国参议院于2021年6月通过了《美国创新与竞争法案》，此法案旨在促进半导体、电子通信和其他潜在新兴技术产业的本地生产与对华竞争，一旦众议院审议通过并经由总统签字成为法律将对中美科技竞争产生深远影响。与此同时，拜登政府对中国高科技企业的自美进口、赴美投资、在美融资等行为展开直接制裁，在2021年数次将中国高科技企业增列入美商务部和财政部制裁清单；还将放宽在美科技专业毕业生进入美国劳动力市场的限制，与中国展开人才争夺。其次，联合盟友共同遏阻中国。2021年下半年，拜登政府通过广泛和高级别的外交外联活动，积极联合盟友为其高科技领域供应链保驾护航，并排挤围堵中国。接连召开了地缘政治意味强烈的美欧贸易和技术委员会（TTC）首次会议、美日澳印"四方安全对话（QUAD）"、全球供应链弹性峰会等，其中的重要议题都包含加强高科技领域的盟友间国际合作。最后，通过重塑多边国际规则遏抑中国。例如，美欧日贸易部长曾在特朗普时期发布7轮三方联合声明，表示要推进产业补贴和国有企业等领域的WTO规则改革；三方于2021年11月17日再次发表联合声明，称将在WTO第12届部长级会议上重启此前针对非市场导向政策和做法的工作。

中美大国博弈具有复杂性和长期性。事实上，从奥巴马政府第二任期试图对国际经贸格局进行重塑开始，美国对华政策就已经发生了转变。2017年12月，特朗普政府公布了其任内首份《美国国家安全战略报告》，该报告将中国定位为美国的头号竞争对手（competitor/rival）。2018年1月，美国国防部发布的《2018年美国国防战略报告》中将中国定位为"战略竞争对手"，并称"中国利用掠夺性的经济战术对周边国家构成威胁"。在其同月公布的《中国技术转移战略报告》中更是提出，"美国应采取措施挫败（thwart）中国的技术转移战略"，该报告提出的建议措施，后来完全被特朗普政府所采纳。拜登政府的对华政策性质并未改变，相比特朗普政府更加突出意识形态竞争，回归联盟战略传统并持续展开经济科技竞争。美国对华政策转向有其深刻的历史原因和必然性，已经无法逆转。中美大国博弈已成定局并进入相持阶段。

三、关税排除机制的国际经济背景

随着国际分工从产业间、产业内到产品内的不断深化，全球产业链也日趋复杂化。20世纪90年代至2008年全球金融危机之前，全球产业链进入了快速复杂化时期，且与以中国为代表的新兴市场经济体在全球产业链中的参与度上升息息相关。而在2008年全球金融危机之后，全球产业链的深入发展进入了停滞期，甚至出现倒退趋势。2019年年底爆发的新冠肺炎疫情进一步暴露了产业链全球配置所带来的脆弱性，将进一步阻碍全球产业链的深入发展。

因此，全球金融危机之后的美国经济复苏乏力，全球化带来的美国国内两极分化进一步加剧，这些都使得其国内贸易保护主义抬头，最终致使中美贸易摩擦大规模爆发。而在中美贸易摩擦大规模爆发的2018年，全球产业链的深度嵌入和复杂程度仍处高位，是日美贸易摩擦的20世纪80年代所不能比拟的。美国对华大规模加征关税，不仅损害了其国内消费者的利益，还使众多美国厂商面临断供风险。在这样的背景下，关税排除机制成为必然的贸易政策选择。

（一）国际分工趋势与全球产业链深入发展

国际分工的深化促使全球产业链复杂化。早在18世纪，亚当·斯密在《国富论》中就指出了分工对提高劳动生产率和增进国民财富的巨大作用，并进一步论证了基于绝对优势的国际分工的好处。早期的国际分工主要是产业间形式，随着众多发达国家的工业化大发展，逐步出现了产业内分工。对应的产业间贸易（inter-industry trade）和产业内贸易（intra-industry trade），也是国际经济学理论分析的两类基本贸易类型，前者由绝对优势和比较优势原理来解释，后者由规模经济等因素来解释。这些理论都暗含一个基本假定，就是所有产品都在特定国家内部生产，因而没有考虑产品生产过程发生工序和区段国际分工的可能性。

20世纪60年代，国际贸易出现一个新动向，即发展中国家制成品出口大幅度上升。Balassa[①]敏锐地观察到了这种现象，他认为这样的全球化分工现象可以被称为垂直专业化（vertical specialization），也即一类商品的连续生产过程被分割成一条垂直的贸易链，由每个国家根据其比较优势生产其中若干环节。而发展中国家制成品出口的大幅上升，主要与垂直专业化的国际制造业的劳动密集型专门环节相联系。

20世纪80年代以来，随着信息通信技术的发展，跨国的复杂生产协作成为可能，劳动力成本的差异带来了新的利润动力。[②]同时，全球范围内关税水平的显著下降，国际贸易和投资环境的不断改善，致使资本和其他生产要素在全球范围内的流动进一步加剧。以上两个方面共同促成了基于国际垂直化分工的全球生产链革命，表现为工业制成品的生产工序不断细化，同一产品不同生产工序分布在不同国家成为常态，生产链条逐渐拉长，中间品贸易飞速发展，成为国际贸易的主流。[③]众多学者都关注到了这一经济现象的迅速发展，并用不同的名词加以概括，如生产分割（production fragmentation）[④]，外包（outsourcing）[⑤]，产品内分工（intra-product

---

① Balassa B A. Trade liberalization among industrial countries: objetives and alternatives[R]. New York: McGraw-Hill, 1967.

② Baldwin R E. Global supply chains: why they emerged, why they matter, and where they are going[J]. CEPR Discussion Paper, 2012.

③ 王直，魏尚进，祝坤福.总贸易核算法:官方贸易统计与全球价值链的度量[J].中国社会科学，2015（9）:108-127+205-206.

④ Jones R W, Kierzkowski H. The Role of Services in Production and International Trade: A Theoretical Framework[M]// JONES R, KRUEGER A. The Political Economy of International Trade. Oxford, U.K.: Basil Blackwell, 1990: 31-48.

⑤ Grossman G M, Helpman E. Integration versus outsourcing in industry equilibrium[J]. The quarterly journal of economics, 2002, 117（1）: 85-120.

specialization）[1]，全球价值链（global value chains）[2]、解绑经济（unbundling economies）[3]、任务贸易（trade in tasks）[4]等。

20世纪90年代至2008年全球金融危机之前，全球产业链进入了快速复杂化时期，表现为一国出口的增加值占比的下降。研究发现，1970—1980年全球出口中的增加值占比从80%以上下降至75%以下，反映了全球化的不断深化；1980—1990年，出口中的增加值占比小幅回升；1990年以后从77%左右快速下降至2008年的65%左右。且制造业是推动这一变化的主要力量。[5]全球产业链的不断深化，在2008年全球金融危机之后进入了停滞期。

全球产业链的复杂化与以中国为代表的新兴市场经济体在全球价值链中的参与度上升息息相关。[6]北京大学中国经济研究中心课题组根据Hummels等[7]对垂直专门化指标的定义，对中国的垂直专门化程度进行了测算，结果显示，中国总出口的垂直专门化程度从1992年的14%增加到2003年的21.8%，这一水平（2003年的21.8%）在当时的世界贸易中属于最高的，只有英国和加拿大等少数几国的垂直专门化程度超过20%，美国不到7%，而日本只有4%。并且OECD国家贸易垂直专门化程度从20世纪70年代的平均13%～14%上升到90年代中后期的18%～20%，花了整整20年的时间，而中国只用了12年，其中又以2000年之后的4年为主。这反映出中国在全球产业链分工中参与程度在上升。而中国对美出口垂直专门化程度上升更多，

① 卢锋.产品内分工[J].经济学（季刊），2004（4）:55-82.

② Gereffi G，Humphrey J，Sturgeon T. The governance of global value chains[J]. Review of international political economy，2005，12（1）: 78-104.

③ Baldwin R E. Globalisation: the great unbundling（s）[R]. Economic council of Finland，2006.

④ Grossman G M，Rossi-Hansberg E. Trading tasks: A simple theory of offshoring[J]. American Economic Review，2008，98（5）: 1978-1997.

⑤ Johnson R C，Noguera G. Fragmentation and trade in value added over four decades[R]. NBER Working Paper，2012.

⑥ 崔晓敏.中国与全球产业链：理论与实证[M].上海三联书店，2021.

⑦ Hummels D，Ishii J，Yi K M. The nature and growth of vertical specialization in world trade[J]. Journal of international Economics，2001，54（1）: 75-96.

已经从1992年的14.77%增加到2003年的22.94%，提高了近50%。[①]

（二）全球金融危机与全球产业链发展停滞

2008年全球金融危机后，世界经济进入深度调整期，低增长、低通胀、低利率和高债务、高赤字等风险交织，民粹主义、贸易保护主义抬头，全球产业链发展出现停滞，全球化出现倒退趋势。[②]而新冠肺炎疫情大流行、中美经贸冲突，更加助长了许多国家的内顾倾向，使得全球供应链断裂和脱钩的风险不断上升。

从2008年全球金融危机到中美贸易摩擦大规模爆发的2018年，全球经济复苏始终孱弱无力。世界经济，尤其是发达经济体，陷入了以低增长、低利率和低通胀为特征的停滞状态。2008年全球金融危机后，世界经济在2010年反弹之后一直处于低迷状态，而发达经济体经济增速下滑更加严重。国际货币基金组织（International Money tary Fund，IMF）世界经济展望数据[③]显示，金融危机前12年，1996—2007年，美国GDP实际年均增长率为3.27%，而危机后的12年，2008—2019年，美国GDP实际年均增长率仅为1.69%，下降了接近一半。根据IMF的预测，到2025年，美国的GDP实际年均增长率（2008—2025年）还将进一步下滑至1.56%。欧洲的情况则更是糟糕。1996—2007年，欧盟的GDP实际年均增长率为2.59%。而在危机中的2008和2009两年，其经济出现了较美国更大的衰退。在此后的2008—2019年，欧盟经济的年均增速仅为1.11%，低速增长成为常态。而日本经济则是从20世纪90年代就已经陷入了低增长的泥潭，实际经济增速更是由危机前的1.21%，下降至危机后的0.52%。安倍经济学曾一度带来曙光，使得日本经济在2013年有所增长。但是，由于造成其增长颓势的长期因素均未能有

---

① 北京大学中国经济研究中心课题组.中国出口贸易中的垂直专门化与中美贸易[J].世界经济，2006（5）:3-11+95.

② 姚枝仲.新冠疫情与经济全球化[J].当代世界，2020（7）:11-16.

③ International Monetary Fund. World Economic Outlook Database [R/OL]. https://www.imf.org/en/publications/WEO/weo-database/2020/October.

效消解，加之安倍经济学中有很多引鸩止渴的药方（如人为造成通胀），其政府债务危机和经济危机仍将延续。[①]

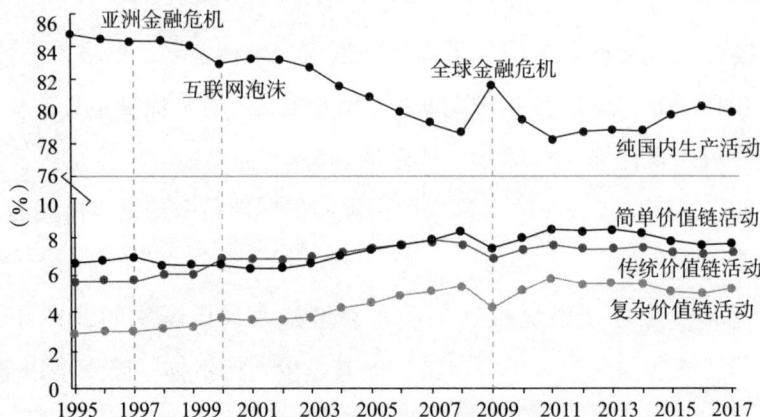

图1.4　1995—2017年四类增加值创造活动占全球GDP比重的变化趋势（%）

资料来源：《2019年全球价值链发展报告》第1章

Recent Patterns of Global Production and GVC Participation。

2008年全球金融危机之后，全球产业链发展出现停滞甚至是倒退趋势。表现为复杂价值链活动占比下降，纯国内生产活动占比上升，见图1.4。根据《2019年全球价值链发展报告》，全球经济活动可划分为四类——纯国内生产活动、传统价值链活动、简单价值链活动和复杂价值链活动。[②]金融危机以前，各类价值链活动占全球GDP比重不断上升，且复杂价值链活动增长最快。而到2012—2016年，各类价值链活动增速均有所下降，且复杂价值链活动降幅最大。相反，2016年纯国内生产活动占比较2011年上升超过2个百分点。以中国为代表的新兴经济体产业升级、国内中间品对进口中间品替代增加是导致这一变化的重要原因之一。2015年中国最终需求和出口的国内增加值占比分别较2005年提高9.6和

----

① 张晓晶.发达经济体"长期停滞"新常态与中国应对方略[J].开放导报，2015（2）:7-11.

② 纯国内生产活动，不跨境；传统价值链活动，以消费为目的的跨境；简单价值链活动，以生产为目的的一次跨境；复杂价值链活动，以生产为目的的两次及以上跨境。

5.7个百分点。[1]

此外，金融危机之后的全球化倒退还表现在以下三个方面：一是商品和资本的跨国流动程度降低。按照2008年美元价格计算，全球出口总额与全球GDP之比从2008年的25.9%下降到2018年的22.9%；全球对外直接投资总额与全球GDP之比从2007年的3.8%下降到2018年的1.2%。二是全球关税削减进程趋缓。WTO成立后，世界平均关税税率出现了显著下降。1996—2006年全球加权平均关税税率从6.2%下降到3.2%，10年间下降了3个百分点。但是金融危机后，全球关税削减进程明显放缓。2006—2016年全球加权平均关税税率从3.2%下降到3.0%，10年间仅下降了0.2个百分点。三是全球贸易限制措施增多。WTO监测数据显示，2009年各国实施进口限制措施73项，仅覆盖全球进口总额的0.6%；但到2018年，生效中的进口限制措施已高达1463项，覆盖的全球进口总额比重上升至7.5%。[2]

2019年年底暴发的新冠肺炎疫情暴露了产业链全球配置所产生的脆弱性。新冠肺炎疫情引起的经济活动停顿，不仅从需求方对企业造成严重影响，而且从上游供应方对企业造成冲击。上游供应链中一个环节的中断，将导致整个产业链的生产停顿。此次疫情已经显示，在全球供应链中有重要影响的国家一旦发生生产和交易停顿，会给全球生产链带来巨大冲击；一个对全球供应链依赖度较高的国家，一旦发生国际交易中断，其国内产业链也将受到严重创伤。追求长期稳定发展的国家，可能会因防止产业链全球配置的脆弱性而将产业链更加收缩于一个国家或者更少的国家之内。因此，新冠肺炎疫情将进一步阻碍全球产业链的深入发展。

---

[1] 崔晓敏. 新冠肺炎疫情后的全球价值链 [M] // 蔡昉. 双循环论纲. 广东：广东人民出版社，2021.

[2] WTO，"Trade restrictions among G20 economies remain at historic highs"，June 2020. https://www.wto.org/english/news_e/news19_e/trdev_21nov19_e.htm.

第二章

美国对华301关税及排除措施对全球产业链的影响

关税排除机制在中美贸易摩擦的分析中较容易被忽视，但事实上却有着不可小觑的影响，并且还是重要的政策信号。本章介绍了美国对华301关税排除措施的出台背景、执行程序、批准条件以及执行概况，并考察了排除措施对中美贸易和相关产业链的影响。结果显示：一方面，获得加征关税排除之后的清单商品，对美出口情况得到了很大恢复，为中美关税摩擦造成的贸易冲击提供了缓冲；但由于政策不确定性的上升，此类商品仍受到一定的负面影响，体现在被排除商品的对华依赖度有所降低。另一方面，美国针对不同类别商品拒绝排除的逻辑有所不同，但无论是压制中国战略性产业发展，还是维护本国产业链安全，客观结果都是降低了美国相关产品的对华依赖度。

一、引言

拜登政府执政后，至今仍然保留着对华3700亿美元输美商品的301关税，且短期内全面调降的可能性较低。此前的中美第一阶段经贸协议在一定程度上缓和了中美贸易摩擦带来的政策不确定性。然而，中美新一轮经贸谈判受到新冠肺炎疫情冲击、拜登政府对华贸易政策评估等因素影响尚未启动，这些都使得美国对华301关税及排除措施，将在未来相当长的一段时间内继续影响中国相关出口产业。

已有文献对于中美双方加征关税清单的产业影响进行了较为深入的研究，如吕越等人[①]基于可计算局部均衡模型的测算发现，就清单1和清单2的产业损害来看，机电产品是美国受损最大的行业，中国受影响最大的则是大豆和汽车行业。周政宁和史新鹭[②]基于动态全球贸易分析模型（GTAP）的

---

① 吕越，娄承蓉，杜映昕，等.基于中美双方征税清单的贸易摩擦影响效应分析[J].财经研究，2019（2）:59-72.

② 周政宁，史新鹭.贸易摩擦对中美两国的影响：基于动态GTAP模型的分析[J].国际经贸探索，2019（2）:20-31.

测算进一步指出，中美相互加征关税对于具体产业的影响在短期和长期是不同的，例如中国的农产品部门短期内产出将增加，而长期则会受到负面影响；美国的通信部门短期内会得到促进，而长期则会受到抑制。

但是，已有文献对于与加征 301 关税几乎同时启动的排除措施却关注较少。事实上，该措施对中美贸易有着不可小觑的影响，据测算，截至 2019 年 9 月底，美国针对清单 1 和清单 2 的排除比例都达到了清单价值的 25% 左右。① 并且加征关税排除机制为一窥中美经济犬牙交错的真实情况提供了另一条绝佳途径。首先，每一项企业排除申请被批准或是被拒绝的背后，都反映了该进口商品产生的真实的经济影响，从中既可以看到中国出口的韧性，也可以看到美国企业承受的临界点；其次，由于美国的加征关税排除申请是在统一关税表（Harmonized Tariff Schedule，HTS）10 位编码甚至更细致的非全税目产品层面进行，相比于产业层面，这一分析可以提供包括跨境供应链在内的更为丰富的信息。

本章基于 USTR 公布的对华加征关税商品清单（HTS-8）、排除及延期商品清单（HTS-10 及非全税目）、企业申请加征关税排除数据，以及美国国际贸易委员会的 HTS-10 位编码进口贸易数据，研究了排除措施的执行概况，及其对相关产业链的影响。

二、美国对华 301 关税排除措施执行概况

（一）美国对华 301 关税排除措施简介

2018 年 7 月，美国依据 1974 年贸易法案的 301 条款，正式开始对第一批中国输美商品加征关税，中国随即宣布对等反击，中美贸易战打响。美国贸易官员深知大幅提高对华关税的同时，自身也面临进口成本上升、企业盈利下降、消费者开支增加，甚至产业链布局受到冲击等一系列问题。因此，在

---

① 赵海，姚曦，徐奇渊.从美国对华加征关税商品排除机制看中美贸易摩擦[J].银行家，2020（1）:100-103.

设计对华 301 关税清单时就准备了相应的排除机制。

美国相关进口企业均可向 USTR 提出排除申请。作为排除依据，申请人需要在三个问题上作出说明：（1）被申请产品是否只有中国有，此产品或类似产品能否从美国或第三方国家获得？如果不能从中国以外国家获得必须提供解释，或说明申请人不确定产品可获得的情况。（2）对该被申请产品加征关税是否对申请人或其他美国利益已经或将要产生严重的经济伤害。（3）被申请产品是否对中国制造 2025 或其他中国工业项目具有战略性重要意义。USTR 不定期公布产品排除结果，批准或否决都是最终决定，不可上诉。任何被批准的排除均可向前追溯到加税之日起，关税排除期为 1 年，1 年后是否能延期需要再次审批。任一"产品"被排除后，不限于申请人，其他所有进口此产品的均被免除额外关税。[①]

在中美贸易战中，无论是被税贸易额和产品排除额都达到了前所未有的数量和价值。正是由于中美贸易战的规模和复杂性日益增加，USTR 从清单 1、2 到清单 3 的排除程序不得不做调整。在排除申请表中，USTR 要求申请人写明：申请排除产品的 HTS-10 位码；产品名称及详细描述；申请者与产品的关系及申请排除的原因；2017 年、2018 年和 2019 年第一季度申请人从中国、国内和第三方获得此产品的数量及价值；2018 年公司营业收入，申请排除的产品在 2019 年第一季度的进口金额，及 2019 年第一季度同比 2018年第一季度营业额的增减；如进口品为在美最终销售品，需中国进口品销售占总销售额的比例，如进口品为中间产品，则需提交中国产品成本占总成本比例。清单 3 的排除程序在执行中的调整包括：第一，对"产品"定义有所放宽，只要产品特征一致，允许其包括不同的大小和型号。这就免去了同一产品下因配置差异而逐个申请的麻烦。第二，对产品"用途"限制有所放松，在识别产品用途时接受美国海关进口文件描述，不再过分纠缠产品的"主要或实际"用途。这些变化表明，美国已经为更大规模排除产品关税做好了准备。

---

① https://www.federalregister.gov/documents/2019/06/24/2019-13376/procedures-for-requests-to-exclude-particular-products-from-the-september-2018-action-pursuant-to.

美国设置加征关税排除机制，客观上为中美关税摩擦提供了缓冲机会。而设计该机制的初衷，一方面是为了避免美国进口企业短期承压过大而造成不可逆转的损害；另一方面可以通过增加贸易政策不确定性，促使全球产业链去中国化，最终达到压制中国战略性产业发展的中长期目标。从USTR公布的申请加征关税排除的三个标准，即可看出其意图：（1）寻求中国以外的商品替代来源面临困难；（2）加征关税对申请主体造成严重经济损害；（3）加征关税商品与"中国制造2025"不相关。可以说，美国对华加征关税的排除机制，是美国长期战略目标和短期经济利益发生冲突时的一个缓冲器。那么，值得深思的是，该机制的执行力度到底如何？留给中国出口企业的时间窗口还有多少？该机制实施以来对相关产业造成了哪些影响？对于美国来说，政治目标和经济利益，到底孰轻孰重？

（二）美国对华301关税排除措施执行概况

截至2020年8月底，前3个清单排除工作已经结束，清单3排除申请数量的批准比例远远低于清单1和清单2。截至目前，美国对华加征25%关税的2500亿美元商品（清单1、2、3）的排除工作已经结束，加征7.5%关税的约1200亿美元商品（清单4A）的排除工作尚在进行中。清单1、2、3分别收到了来自1221、459和2621家企业的10814、2869和30283份排除申请，其中被批准的排除申请占比分别为33.8%、37.4%和4.9%。

从排除金额占比来看，也表现出收紧信号。根据2017年美国自华进口数据估算，目前美国对华加征25%关税的2500亿美元商品（清单1、2、3），排除加征关税商品的金额占比在1.5%～45.6%。[①]且清单3排除金额占比也低于清单1和清单2，具体参见表2.1。美国对华加征7.5%关税的约1200亿美元商品（清单4A）的排除金额占比截至2020年8月底在1.9%～15.8%。

---

① USTR公布的排除商品清单，大多数是针对具体商品，即HTS-10位编码再加具体商品描述（非全税目），HTS-10位编码完整税号得到排除的情况仅占少数。由于具体商品的进口金额数据无法获得，所以本报告使用HTS-10位编码进口数据，估计了排除金额占比的上限和下限。上限对应排除商品清单涉及的全部HTS-10税号，下限对应排除商品清单中HTS-10完整税号排除的情况。

表2.1 美国对华加征关税排除及延期概况（截至2020年8月底）

	清单1	清单2	清单3	清单4A
第1栏				
涉及金额（亿美元）	340	160	2000	1200
现行加征税率	25%	25%	25%	7.5%
起征时间与过往税率变动	2018.07.06	2018.08.23	2018.09.24（10%）2019.05.10（25%）	2019.09.01（15%）2020.02.14（7.5%）
平均对华依赖度	14.8%	19.0%	29.4%	33.9%
第3栏				
已公布排除批次	10（已完成）	5（已完成）	15（已完成）	8（尚未结束）
已公布排除涉及商品数	728（完整税号17）	267（完整税号1）	1039（完整税号83）	214（完整税号30）
排除金额上限	205.7亿美元	87.6亿美元	847.4亿美元	189.9亿美元
排除金额占比上限	60.5%	54.8%	42.4%	15.8%
排除金额下限	10.6亿美元	0.7亿美元	26.6亿美元	23.3亿美元
排除金额占比下限	3.1%	0.4%	1.3%	1.9%
第4栏				
首批排除商品到期日	2019.12.28	2020.07.31	2020.08.07	2020.09.01
已公布排除延期批次	6	2	1	1
排除商品延期情况 获得延期	164（完整税号6）	69（完整税号0）	266（完整税号21）	87（完整税号14）
排除商品延期情况 未获延期	160（完整税号10）	0	773（完整税号62）	0
有效排除金额上限	186.8亿美元	—	442.3亿美元	—
有效排除金额占比上限	54.9%	—	22.1%	—
有效排除金额下限	2.8亿美元	—	20.1亿美元	—
有效排除金额占比下限	0.8%	—	1.0%	—

注：清单4B涉及商品金额约1800亿美元，原定税率15%，计划于2019年12月15日实施，由于中美签署了第一阶段协议而暂缓加征，所以尚未涉及相关排除事宜，未列入表中。

数据来源：美国国际贸易委员会贸易数据库，https://dataweb.usitc.gov/[2020-08-31]；USTR网站，https://ustr.gov/issue-areas/enforcement/section-301-investigations/section-301-china[2020-08-31]。

排除到期后，相当比例商品未获得延期。随着排除加征关税商品的有效期逐批到期，USTR 启动了排除延期机制。2020 年以来，2500 亿清单中仍有相当一部分排除商品未获得延期，将恢复加征关税。刨除未获得排除延期的商品，截至 2020 年 8 月底，2500 亿清单的排除金额占比下降至 0.9%～28.7%，这比排除到期之前的排除比例（1.5%～45.6%）明显收紧了。具体情况可参考表 2.1。这一现象的出现表明美国对华贸易脱钩的决心非常明确，并且在稳步推进中，排除机制只是权宜之计。

2021 年 10 月 4 日，美国新任贸易代表戴琪在美国战略与国际问题研究中心（CSIS）首次正式就拜登 – 哈里斯政府对美中贸易关系的新方针进行阐述，其中提到美方将重启"有针对性的关税排除程序"（Targeted Tariff Exclusions Process）。该声明被认为释放了缓和中美贸易关系的信号。但从 USTR 于 10 月 5 日公布的具体方案来看，美方只是对此前授予排除且获得过延期的商品（也已经过期）进行重新审核。[①]根据 USTR 的说法，此前授予排除的商品超过 2200 项，只有 549 项获得过延期。也就是说，这 549 项商品是此次"有针对性的关税排除程序"的审核范围；而此前没有被授予排除的商品和被授予排除但未获得延期的商品，仍然没有被排除加征关税的机会。该措施释放的信号意义要大于其实际的经济意义。

（三）获排除商品与未获排除商品的系统性差异

为了全面地评估 USTR 加征关税排除机制的执行情况，本部分内容将进一步检验、分析获排除商品与未获排除商品是否确实具有系统性差异。

首先，判断获排除商品是否寻求中国以外的商品替代来源面临困难，即获排除商品是否更为依赖中国。这一标准在审批过程中尤为重要，只要企业可以在美国或者中国以外的第三国找到替代商品来源，这一排除加征关税的申请通常会被拒绝。美国希望通过这一标准，实现降低对华贸易逆差、引导全球产业链去中国化的战略目标。美国自中国进口该种商品占美国从全世界

---

① https://ustr.gov/about-us/policy-offices/press-office/press-releases/2021/october/ustr-requests-comments-reinstatement-targeted-potential-exclusions-products-china-subject-section.

进口该种商品的比例，可粗略地描述美国该商品对中国的依赖程度。通常来讲，进口占比越高，该商品对中国的依赖程度也越高。本章使用美国国际贸易委员会公布的HTS-10位编码进口数据，计算了各清单HTS-10商品的自中国进口占自世界进口的比例，并将其均值展示在表2.2中。以清单1来看，在加征关税之前的2017年，其全部商品自中国进口占比的均值为14.8%，而获得排除商品的这一均值为27.9%。这说明整体来看，获排除商品确实比未获排除商品对中国的依赖程度更高；而获得排除延期商品的自中国进口占比更是达到了37.6%，这说明获排除延期商品确实寻求中国以外商品替代来源更为困难。美国进口的替代困难这一排除决策规律在清单2、3和4A中都是成立的。

表2.2　各清单商品的可替代情况

	清单 1	清单 2	清单 3	清单 4A	清单 4B
自中国进口占自世界进口的比例（均值）					
2017	14.8%	19.0%	29.4%	33.9%	82.5%
2018	14.3%	19.3%	30.8%	32.7%	85.4%
2019	11.4%	14.6%	25.6%	33.2%	82.3%
完整税号排除商品自中国进口占自世界进口的比例（均值）					
2017	27.9%	28.2%	36.5%	73.5%	—
2018	27.3%	28.1%	39.4%	62.6%	—
2019	26.5%	22.7%	34.6%	74.8%	—
获得排除延期的完整税号商品自中国进口占自世界进口的比例（均值）					
2017	37.6%	—	—	—	—
2018	36.8%	—	—	—	—
2019	35.5%	—	—	—	—

数据来源：美国国际贸易委员会网站，https://dataweb.usitc.gov/[2020-05-30]。

其次，判断未获排除继续加征关税商品是否与"中国制造2025"更相关。从排除申请的审批文件中可以看出，未获批准的申请中，很大一部分原因为被认定"与'中国制造2025'相关"，即使该产品其实与"中国制造2025"只有很松散的相关性。如跨国电气巨头ABB公司为其进口的印刷电路板申请美国关税排除，但USTR以"与'中国制造2025'相关"为由拒绝了。印刷电路板与集成电路类似，都是信息技术产业的基础中间品，在该产业最终产品的制造中必不可少。

三、美国对华 301 关税及排除措施对贸易的影响

（一）美国对华 301 关税及排除措施对贸易的影响

关税排除短期内缓解了冲击，但未改变脱钩事实。获得排除加征关税之后的清单商品，对美出口情况得到了很大恢复，为中美关税摩擦造成的贸易冲击提供了缓冲。

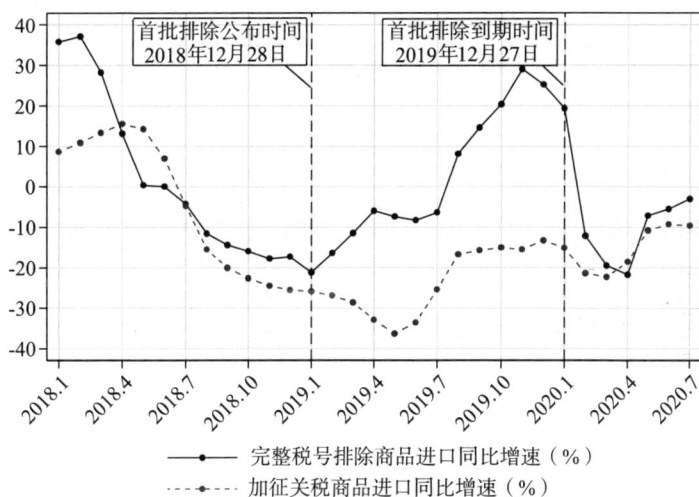

图2.1　清单1（340亿美元）中加征关税商品与完整税号排除商品的月度同比进口增速差异
数据来源：USITC。

图2.1显示了清单1中加征关税商品与完整税号排除商品的月度同比进口增速差异。清单1中有17个完整税号排除商品，其中最早一轮排除于2018年12月28日公布。从图中可以看出，2019年1月之后，完整税号排除商品的自中国进口同比增速显著回升，而继续加征关税商品的进口同比增速则继续保持低位，排除加征关税起到了贸易缓冲作用。2020年1月之后，随

着大部分完整税号排除商品的到期，其中10个完整税号排除商品没有获得排除延期，美国自中国进口同比增速显著回落，与继续加征关税商品的进口同比增速趋同。

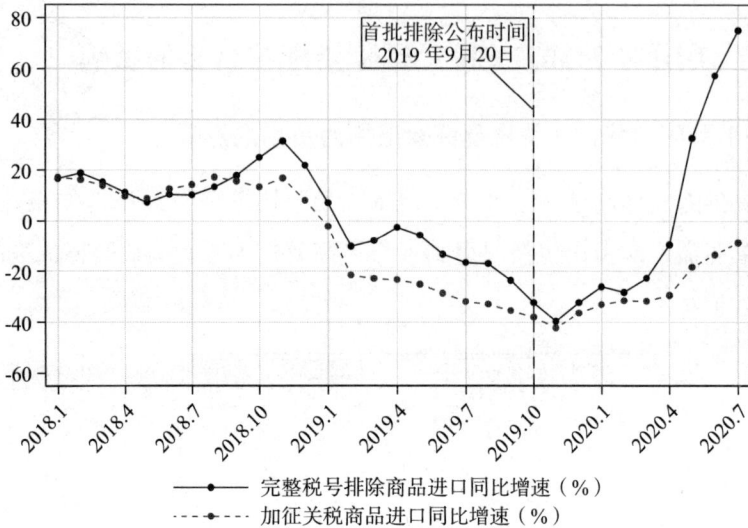

图2.2　清单3（2000亿美元）中加征关税商品与完整税号排除商品的月度同比进口增速差异
数据来源：USITC。

图2.2显示了清单3[①]中加征关税商品、完整税号排除商品的月度同比进口增速差异。清单3中有83个完整税号排除商品，其中最早一轮排除于2019年9月20日公布，排除商品于2020年8月7日开始逐批到期，其中62个完整税号排除商品没有获得排除延期。从图2.2中可以看出，完整税号排除商品的自中国进口同比增速，自2019年11月开始加速回升，远超继续加征关税商品的进口同比增速回升幅度。由于贸易数据截至2020年7月，8月排除到期之后的贸易情况无从得知，但由清单1的规律可以推测出，未获延期的大部分完整税号排除商品的进口同比增速将有所回落。

---

① 清单2（160亿美元）中只有1个完整税号排除商品，非常特殊，不再赘述。

（二）美国对华301关税及排除措施对对华依赖度的影响

但是，关税排除的到期审核制度仍然具有很大不确定性，无法扭转事实脱钩。因此，即使是被排除商品，其对华依赖度在之后也有所降低。从图2.3可以看出，2500亿清单中，全部加征关税商品的对华依赖度均值从2017年的26.5%下降至2019年的22.6%。完整税号被排除加征关税商品的对华依赖度均值整体较高，即便如此，这部分商品的对华依赖度均值也从贸易摩擦前2017年的34.5%小幅下降至2019年的32.7%。

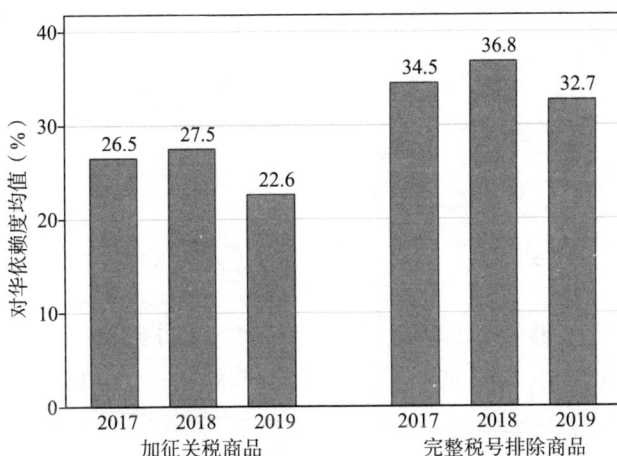

图2.3　2017—2019年2500亿清单中加征关税商品与排除商品对华依赖度

注：首先计算每个10位HTS编码商品的对华依赖度，即该商品自中国进口占其总体进口
　　的份额，再计算每个类别的年度均值。

数据来源：USITC。

四、美国对华301关税及排除措施对产业链的影响

（一）关税排除行业分布：供应链复杂性比对华依赖度更重要

从2500亿清单来看，排除金额占比集中在8类行业。美国对华加征25%关税的2500亿美元商品（清单1、2、3）中，金额（亿美元）占比最多的前8个行业分别是机械设备（84）、电气设备（85）、家具（94）、汽车及零件

（87）、钢铁制品（73）、塑料制品（39）、皮革制品（42）和仪器（90），见图2.4。从2500亿清单的排除情况来看，排除金额中占比最多的仍然是这8个行业，见图2.5。

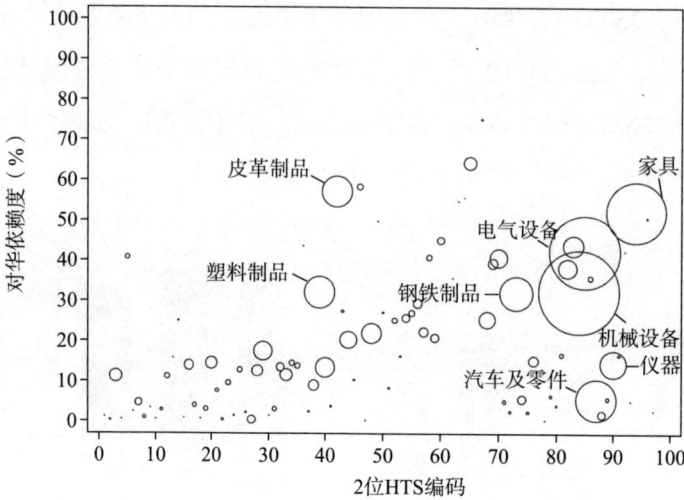

图2.4　2500亿清单（25%税率）的行业分布

注：横轴为2位HTS行业编码；纵轴表示该2位HTS编码行业的对华依赖度，使用该行业自中国进口占该行业总进口的比重表示。气泡大小表示2500亿清单中该行业进口金额占清单总金额的比重，最大的8个气泡标注了行业简称。

数据来源：USTR、USITC。

从2500亿清单来看，生产技术更复杂、供应链条更长，短时间寻找替代品较为不易的行业排除比例较高。而进口金额上的对华依赖度，只是次要因素。对比图2.4和图2.5，汽车及零件（87）与仪器（90）行业的对华依赖度均不超过20%，但是排除比例都在60%以上；而皮革制品（42）的对华依赖度高达60%，排除比例却相对较低。与汽车及零件和仪器行业相比，皮革制品行业的生产技术相对简单、供应链条较短，更容易找到替代品。

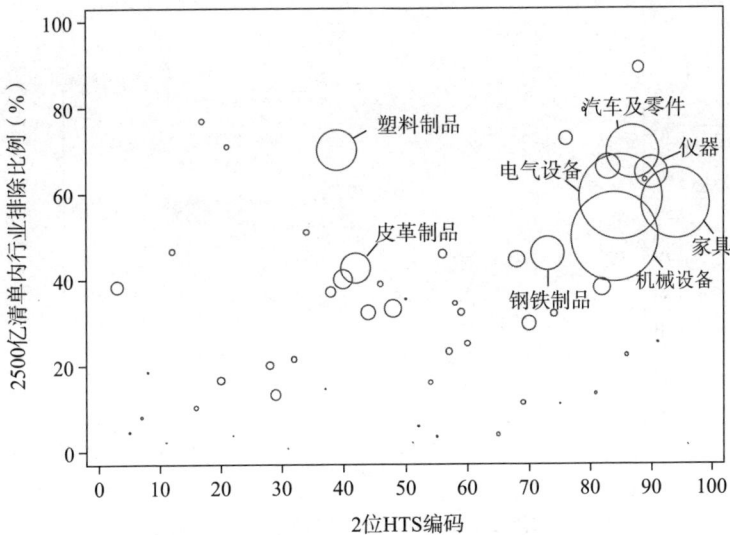

图2.5　2500亿清单（25%税率）排除商品的行业分布

注：横轴为2位HTS行业编码；纵轴表示2500亿清单中，该2位HTS编码行业被排除加征关
　　税的比例。气泡大小表示2500亿清单被排除加征关税的商品中，该行业排除金额占排
　　除总金额的比重，最大的8个气泡标注了行业简称。

数据来源：USTR、USITC。

从1200亿清单（清单4A）来看，排除金额占比最多的8类行业相对
更为分散（见图2.6），但是也基本呈现了与2500亿清单类似的规律（见图
2.7）。生产技术更复杂、供应链条更长，短时间寻找替代品较为不易的行
业，排除比例通常较高；反之排除比例通常较低。例如，仪器（90）在清单
中的金额占比较小，而排除比例和金额都相对较高。针织服装（61）、非针
织服装（62）等劳动密集型产品的排除比例相对较低，而清单金额占比较高
的鞋（64）的排除金额则微乎其微。

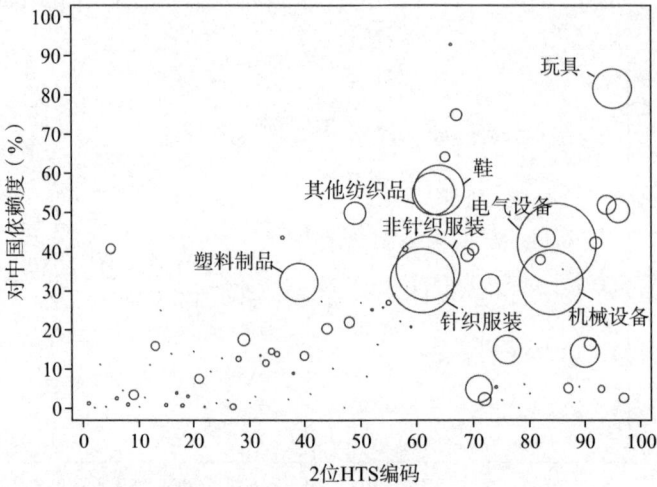

图2.6 1200亿清单（7.5%税率）的行业分布

注：横轴为2位HTS行业编码；纵轴表示该2位HTS编码行业的对华依赖度，使用该行业自中国进口占该行业总进口的比重表示。气泡大小表示1200亿清单中该行业进口金额占清单总金额的比重，最大的8个气泡标注了行业简称。

数据来源：USTR、USITC。

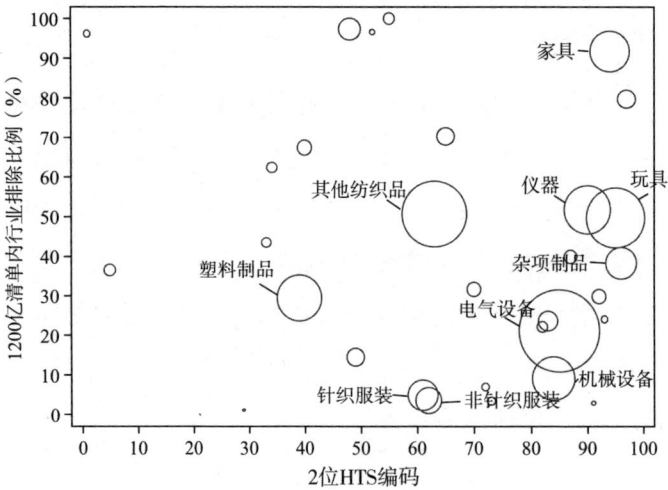

图2.7 1200亿清单（7.5%税率）排除商品的行业分布

注：横轴为2位HTS行业编码；纵轴表示1200亿清单中，该2位HTS编码行业被排除加征关税的比例。气泡大小表示1200亿清单被排除加征关税的商品中，该行业排除金额占排除总金额的比重，最大的8个气泡标注了行业简称。

数据来源：USTR、USITC。

（二）关税排除典型产品：注塑模具与客车四缸发动机

（1）被排除金额最大的产品：注塑模具。

在被排除的 HTS-10 税号涉及金额最大的 10 个产品类型中可以看到，除了 8480718045，其他税号下商品都未被全部排除。被完全排除的 8480718045 税号覆盖注塑（或橡胶）模具，申请排除的企业相比金额前 10 的其他税号涉及企业多得多，高达 53 家（详见表 2.3），2017 年产品进口总金额 4.14 亿美元。这些企业主业包括塑料包装、汽车配件制品、运动射击用品、模具工具制造、动物玩具用具等，其中没有知名大企业，直接面向消费者的数量少。

作为基础行业，模具涉及冶金、建材、机械、汽车、轻工、电子、化工等各个行业，应用范围十分广泛。据海关统计，2018 年中国模具出口额为 60.85 亿美元，同比增长 10.84%，国内模具总产值占世界的 1/3，占全球模具出口总量的 1/4。因此，注塑模具成为被排除的金额最大的产品不是偶然的，而是由中国模具工业在世界中的地位及其与美国产业链紧密整合的程度决定的。

表 2.3　被排除加征关税的大金额商品及所涉及企业（截至 2019 年 9 月底）

HTS-10 税号	HTS-10 商品描述	2017 年进口额（亿美元）	该税号下商品是否全部排除
8413919080	液体泵部件，涉及 12 家企业	5.99	否
8544300000	成套车船飞行器用绝缘导线，涉及 4 家企业	5.09	否
8526910040	无线电导航辅助装置，涉及 1 家企业	5.06	否
8803300030	其他飞机直升机用部件（除国防部和海岸警卫队用以外），涉及 1 家企业	4.60	否
8471706000	存储单元，涉及 2 家企业	4.16	否
8480718045	橡胶或塑料注射型模具，涉及 53 家企业	4.14	是

其他部分获批产品，如液体泵部件、成套车船飞行器用绝缘导线、无线电导航辅助装置、其他飞机直升机用部件，都被认为具有高科技产品属性，涉及"中国制造 2025"，因此 USTR 都采取了个案处理、部分排除的办法处理。

（2）被拒绝排除金额最大的产品：客车四缸发动机。

在涉及金额前10的被拒绝申请税号中，最突出的就是由沃尔沃和通用汽车两家公司提出的税号8703230140项下的乘用车4缸、排量1.5～3升发动机排除申请。两家汽车公司在中国生产部分发动机供应美国市场，涉及金额按照2017年进口额计算为15.21亿美元（见表2.4）。USTR拒绝的原因无外乎两点：一是此类型发动机美国和第三方国家多有生产，中国不是唯一来源地；二是与两家汽车总销售量和收入相比，影响可控。但是，毕竟15亿美元的发动机影响价值200亿美元的汽车生产，两家企业不得不提出排除申请。从这一案例可以看出USTR对特朗普政府"用美国货、雇美国人"政策的贯彻执行。

表2.4　排除申请被拒绝的大金额商品及所涉及企业（截至2019年9月底）

HTS-10 税号	HTS-10 商品描述	2017年进口额（亿美元）
8703230140	乘用车4缸发动机（排量1.5～3升），涉及2家企业	15.21
8471704065	硬盘，涉及2家企业	8.90
8541402000	发光二极管，涉及18家企业	6.53
8413919080	液体泵部件，涉及25家企业	5.99
8544300000	成套车船飞行器用绝缘导线，涉及19家企业	5.09
8526910040	无线电导航辅助装置，涉及4家企业	5.06

排名第二和第三的被拒产品分别是硬盘和发光二极管，涉及金额分别为8.90亿和6.53亿美元。硬盘申请被拒绝的企业日立和东芝均为日资企业，但同为日资的音响巨头第一音响和先锋公司申请的存储单元获得批准。可见外资并非决定因素，可替代性才是主要考量。发光二极管主要用于照明，但中国以外其他国家有一定产能，所以即便有18家企业提出申请，仍无一获批。

（三）产业链安全成为美方排除的主要考虑：印刷电路板案例

印刷电路板（Printed Circuit Board，PCB）是电子信息产业中的重要基础产品。在美国国防部于2019年5月向国会提交的《工业能力年度报告》中，针对电子信息产业的部分，专门提到中国在全球印刷电路板市场上所占份额过高可能会给美国军方供应商带来进口供应链风险。该报告指出，中国占据了全球印刷电路板市场50%的份额，而美国在该市场的份额从1998年的25%跌落到2015年的5%。新冠肺炎疫情的全球大流行进一步使美国意识到其存在过度依赖外国供应链的问题。[①]

美国对华加征关税清单中的PCB产品几乎均未得到排除。清单1、2和3的PCB产品排除申请拒绝比率分别为83.5%、100%和92.3%（见表2.5）。以清单1来看，有41%的PCB排除申请以"与'中国制造2025'相关"为由被拒绝；45%的PCB排除申请以"未证实对申请主体造成严重经济损害"为由被拒绝；仅有4%以"未证实该产品只能从中国获得"为由被拒绝。

另外，还存在即使获得排除批准，也没有获得延期的情况。在被批准的排除申请中，迪堡太平洋有限公司（Diebold Nixdorf Incorporated）申请的HTS–10税号8473401000获得了完整排除。该税号2017年、2018年、2019年自中国进口的金额分别为983万美元、959万美元和602万美元，占美国同期自全球进口额的25.3%、25.8%和13.6%。由此可以看出，该税号虽然已经获得排除，但政策不确定性的提高又使得美国进口厂商转向其他产品来源地，导致该产品的对华依赖度在2019年就下降了几近一半，继而使得该税号产品在2020年的排除延期中也未获得延期。

表2.5 PCB排除申请情况及贸易变动情况

具体项目	清单 1	清单 2	清单 3	清单 4A
PCB 排除申请总数	85	1	65	2
拒绝	71（83.5%）	1（100%）	60（92.3%）	0（0%）
接受	14（16.5%）	0（0%）	5（7.7%）	0（0%）
尚未裁决	0（0%）	0（0%）	0（0%）	2（100%）
PCB 产品自中国进口金额（亿美元）				
2017	25.3	11.2	74.0	21.1
2018	22.8	16.8	81.1	26.4
2019	15.5	9.9	51.7	21.8

[①] 葛琛，葛顺奇，陈江滢.疫情事件：从跨国公司全球价值链效率转向国家供应链安全[J].国际经济评论，2020（4）:67-83.

续 表

具体项目	清单1	清单2	清单3	清单4A
PCB产品自中国进口金额占自世界进口金额的比例				
2017	26.9%	5.3%	42.6%	42.2%
2018	23.8%	7.8%	42.9%	45.5%
2019	17.7%	4.5%	29.1%	45.8%

数据来源：美国国际贸易委员会网站，https://dataweb.usitc.gov/[2020-05-30]。

加征关税对于降低美国对中国PCB产品的依赖度效果显著。清单1、2和3中的PCB产品2019年自中国进口额相较2017年都出现了大幅下滑，对中国的依赖度也大幅降低；作为对照，清单4A从2019年9月才开始加征关税，其中的PCB产品在进口额和对中国的依赖度方面暂时变化不大。

（四）关税与排除政策组合遏制我产业升级：滚珠轴承案例

轴承是机械设备中的重要零部件和中间产品。中国在中低端轴承领域早已是全球最大的生产和销售基地，在高端轴承领域虽然仍有许多短板，但发展迅速。能在极端环境下工作的高端轴承，是许多高端机械设备的关节，体现着一国的科技和工业实力。

清单1集中了大部分轴承排除申请，获得排除的申请占到总量的一半以上，见表2.6。以清单1被拒绝的轴承排除申请来看，USTR使用的理由与PCB产品截然不同。有78.6%的轴承排除申请以"未证实该产品只能从中国获得"为由被拒绝，而该理由在PCB案例中占比最小；10.4%的轴承排除申请以"未证实对申请主体造成严重经济损害"为由被拒绝；仅有2.4%以"与'中国制造2025'相关"为由被拒绝。

表2.6 轴承排除申请情况及贸易变动情况

具体项目	清单1	清单2	清单3	清单4A
轴承排除申请总数	958	12	20	1
拒绝	454（47.4%）	11（91.7%）	19（95%）	0（0%）
接受	504（52.6%）	1（8.3%）	1（5%）	0（0%）
尚未裁决	0（0%）	0（0%）	0（0%）	1（100%）

续　表

具体项目	清单 1	清单 2	清单 3	清单 4A
轴承产品自中国进口金额（亿美元）				
2017	26.1	6.0	29.3	3.2
2018	27.7	5.2	35.7	3.8
2019	18.3	5.1	33.0	4.4
轴承产品自中国进口金额占自世界进口金额的比例				
2017	8.0%	28.5%	13.2%	6.1%
2018	7.6%	26.2%	14.3%	6.6%
2019	5.2%	25.4%	13.0%	8.3%

数据来源：美国国际贸易委员会网站，https://dataweb.usitc.gov/[2020-05-30]。

获得排除后未获延期的案例：箭头电气产品公司（Arrowhead Electrical Products Inc.）提交的轴承产品排除申请数目最多。其中 3 个 HTS-10 税号获得了完整排除，分别是 8482105044、8482105048 和 8482105052，这是直径 9～100 毫米的 3 种单排径向滚珠轴承，这三种轴承的标准化程度高，生产工艺较为简单，且对中国依赖程度非常高。这三个税号产品 2017 年自中国进口额分别为 6320.6 万、8339.8 万和 8804.3 万美元，占美国当年进口总额的 49.8%、43.4% 和 34.7%，平均单价 0.56、0.58 和 2.8 美元。然而，这三个税号产品并未获得排除延期，目前已经恢复加征关税。而从箭头电气被拒绝的轴承排除申请来看，理由全部为"未证实该产品只能从中国获得"。以 8482105056 这一税号为例，该产品为直径 100 毫米以上的单排径向滚珠轴承，其生产技术要求较高，第一大进口来源国是日本，对中国的依赖程度相对较低。该产品 2017 年自中国进口额为 1708.2 万美元，占美国当年进口总额的 15.6%，平均单价 8.5 美元。

由此可见，被排除的轴承产品，确实对中国的依赖程度更高，美国企业短期内寻找替代品困难。但是这类产品生产工艺简单，价值较低，供应链转移相对容易。持续保持加征关税和排除机制并用，会通过增加贸易政策的不确定性[①]的方式，加大产业链从中国转移出去的概率。同时，未被排除的轴

---

① 代中强.美国知识产权调查引致的贸易壁垒：特征事实、影响及中国应对[J].国际经济评论，2020（3）:107-122.

承产品制造工艺更为复杂，价值较高，主要由发达国家供给美国。此类轴承产品排除被拒绝，一方面是因为中国占美国市场份额小，容易被替代；另一方面也实现了美国压制中国制造业向价值链上游升级的目的。

虽然美国针对中国轴承产品加征关税的逻辑与印刷电路板有所不同，但是加征关税客观上都降低了美国的对华产品依赖度。从表2.6中可以看出，清单1中的轴承产品2019年自中国的进口额为18.3亿美元，相较加税前2017年的26.1亿美元，下降了近30%；自中国进口金额占自世界进口金额的比例也由2017年的8.0%下降至2019年的5.2%。

第三章

美国对华301关税及排除措施的
政治经济学分析

本章首先回顾了经典贸易政策政治经济学模型，并对该领域的最新进展进行了梳理和综述。在此基础上，基于政治经济学分析框架，对美国对华301关税及排除措施进行了一般性探讨，特别是对美国的利益集团和战略意图进行剖析。研究表明，经典贸易政策政治经济学分析框架已经失灵，而该领域的最新进展虽然引入了深刻洞见，但仍然无法完全解释中美贸易摩擦。在美国对华加征关税及其排除机制当中，贸易政策的推动者、受益者与政策制定者之间，存在贸易政策需求、供给不匹配的问题，表明美国压制中国的战略目标已经凌驾于其追求经济效率和满足选民利益之上。

一、经典贸易政策政治经济学模型

如果自由贸易能带来最大利益，那么一国为何会实施诸如关税、配额、补贴、自愿出口限制等各种具有保护作用的贸易政策？"最佳关税理论""市场失灵理论""战略性贸易政策理论"等从经济视角提供了一定解释，但仍然无法完全解释现实中被大量使用的贸易干预政策。[①] 20世纪80年代以来，经济学家开始将公共选择分析范式引入贸易政策研究，考虑贸易政策制定的政治背景，推动了贸易政策政治经济学的兴起。

根据政策制定者是只关心"个人利益"，还是同时关心"个人利益"和"社会利益"，可以将贸易政策的政治经济学文献分为两大类。[②]第一类，政策制定者只关心"个人利益"，是追求自身利益最大化的个人，面对贸易政策需求者的利益诱惑、压力或游说，政策制定者成为贸易政策的供给者。贸易政策作为一种政治市场上的商品，其均衡价格是由政治市场的供求关系决定的。在这类研究中具有代表性的理论学说包括：关税形成理论、政治

---

① 盛斌. 贸易保护的新政治经济学：文献综述[J]. 世界经济，2001（1）:46-56.

② Baldwin RE. The political economy of trade policy: integrating the perspectives of economists and political scientists. The political economy of trade policy: Papers in honor of Jagdish Bhagwati[M], The MIT Press，1996.

支持理论、中间选民理论、选举竞争理论等。[①]

第二类，政策制定者同时关心"个人利益"和"社会利益（国家福利）"，这是由于在现实社会中，作为利益集团平衡杠杆的政府要受到普通选民意愿的制约，因为宪法和法律赋予政治家和官员们这样的职责，同时他们也必须考虑公众对其政权统治的支持率。这类研究中具有代表性的是"保护待售"模型[②]，简单来说，就是政府作为"公共代理人"将不同的贸易政策进行"菜单拍卖"以换取政治资金，并尽可能维护普通选民的利益。该模型是贸易政策政治经济学领域的集大成者，而且由于其良好的可拓展性，对后续研究影响深远，本章遂对该模型进行简要介绍。

（一）"保护待售"模型

在"保护待售"模型中，政府的目标函数为获得的政治捐资和全社会福利之和（赋予后者一个权重 a）：

$$W = \sum_h \lambda^h(p) + a \sum_h V(p, I^h)$$

其中，$\lambda^h(p)$ 表示个体 h 的政治捐资，p 为价格向量，I^h 为政治捐资之前的个体收入。

社会由 1 个只使用劳动要素的部门（计价部门）和 n 个同时使用劳动和特定要素的部门组成。i 部门中的部分特定要素组成了利益集团 H_i，他们向政府提供政治资金以寻求关税减让或出口补贴，不同的关税率或补贴率对应数量不同的政治捐资额，形成所谓的"捐资价格表"。

$$\Lambda_i(p) = \sum_{h \in H_i} \lambda^h(p)$$

每个利益集团 H_i 通过选择 $\Lambda_i(p)$，最大化其成员的净收益 v^i。

---

① 冯碧梅，赵涤非. 贸易政策政治经济学研究进展 [J]. 经济学动态，2019（12）:138-152.

② Grossman GM, Helpman E." Protection for Sale" [J]. American Economic Review, 1994, 84（4）: 833-850.

$$v^i \equiv \sum_{h \in H_i} V(p, I^h) - \Lambda_i(p)$$

利益集团和政府间形成两阶段非合作博弈，即利益集团之间首先在"捐资价格表"上达成关于政治捐资的纳什（Nash）均衡，然后政府在给定的政治资金基础上再决定最优的价格（关税或补贴）均衡 p^*。均衡关税定义为 $t_i^* \equiv (p_i^* - p_i)/p_i$，在均衡处满足：

$$\frac{t_i^*}{1 + t_i^*} = \frac{\zeta_{iL} - \alpha_L}{a + \alpha_L} \times \frac{x_i^*}{m_i^* \varepsilon_i^*}$$

其中，ζ_{iL} 为1表示部门 i 形成了利益集团，为0表示没有形成利益集团；α_L 表示利益集团人数占人口比例；x_i^* 表示部门 i 的产出，m_i^* 表示部门 i 的进口，ε_i^* 为进口需求弹性。上式表明，在国家福利的权重 a 和利益集团人数占人口比例 α_L 两个结构参数一定的前提下，保护率取决于不同部门的进口需求弹性、进口渗透率以及该部门是否有效地组织形成利益集团。当利益集团组织性越强，进口需求弹性越小时，贸易保护率就越高。对于有效组织起利益集团的部门，进口渗透率越低，贸易保护率越高；相反，对于那些没有形成利益集团的行业，两者间呈正比例关系。对于结构参数来说，国家福利的权重越大，利益集团人口比例越大，贸易政策就越趋向于自由化。

（二）"贸易战–贸易谈判"模型

基于"保护待售"模型，Grossman[1] 和 Helpman[2] 将其进一步拓展至两国框架下，以解释国际贸易关系，包括区域贸易协定、贸易战和贸易谈判的形成。其中，"贸易战–贸易谈判"模型对今天的中美贸易摩擦有较强的参考意义。该模型表明，利益集团可以利用政治捐资来诱导自利政治家的政策偏好，在非合作的国际环境中导致贸易战，在合作的国际环境中导致贸易谈判。

---

① Grossman G M, Helpman E. Trade wars and trade talks[J]. Journal of political Economy, 1995, 103（4）: 675-708.

② Grossman G M, Helpman E. The Politics of Free-Trade Agreements[J]. The American Economic Review, 1995: 667-690.

具体来说，一个国家拥有多个产业，一部分产业的要素拥有者会组织起来形成各自产业的利益集团，游说政府制定对其有利的贸易政策。在两国（本国和外国）模型中，考虑以下两阶段博弈：第一阶段，两国国内的利益集团向各自政府独立且同时提供政治捐助方案，这些方案规定了该国政府在制定每种贸易政策时，可以从这些利益集团得到的政治捐助规模；第二阶段，两国政府在看到政治捐助方案后，将国家总福利和从利益集团得到的政治捐助共同纳入考虑，独立且同时制定各自国家的贸易政策。研究表明，贸易政策受到两种动因的影响：贸易条件动因和政治支持动因。同时还发现，对于进口贸易政策，两种动因方向一致，在均衡中两国政府一定会制定正的进口关税；对于出口贸易政策，两种动因方向相反，均衡的贸易政策取决于两种动因的相对大小。

二、贸易政策政治经济学的最新进展

近 10 年来，中美贸易冲突、边境内贸易规则兴起、逆全球化趋势等一系列贸易现象的变迁，都显示出传统贸易政策政治经济学模型解释的羸弱无力，因此相关学者进行了多方面拓展，其中比较有影响力的文献和理论包括以下几种。

（一）深度一体化视角

该视角强调了贸易政策本身的转向给传统贸易政策政治经济学带来的挑战。Maggi 和 Ossa[1]指出，当今的贸易协定已经由传统的关税削减为主，转向全面的边境内政策协调，如外国投资人保护、知识产权监管、国际竞争政策协调、政府采购规则等。也即由传统的浅度一体化（shallow integration）转向深度一体化（deep integration）。在贸易自由化发展了几十年之后的今天，世界关税已经基本处于较低水平，浅度一体化已完成其历史使命，未来

---

[1] Maggi G，Ossa R. The political economy of deep integration[J]. Annual Review of Economics，2021，13: 19-38.

的贸易政策将以深度一体化为主。对深度一体化的保留态度，是当前"逆全球化"的驱动力量之一。当前的中美贸易战也凸显出深度一体化的问题，比如美国挑起贸易战的原因之一就是对中国的产业政策和知识产权保护乏力的不满。

传统贸易政策政治经济学认为，贸易谈判通过联合出口商利益以达成贸易协定，从而抵消由进口竞争利益集团形成的保护主义势力，实现福利改进。然而近10年来，对于深度一体化贸易协定，出口集团也经常加入反对阵营。Rodrik[1]指出，这是由于深度一体化贸易协定往往会使一些特殊利益集团获利，如国际银行、大型制药企业、跨国公司等，而不是像浅度一体化贸易协定一样限制保护主义势力。诚然，深度一体化贸易协定也可以通过增进相互市场开放而带来更加自由和互惠的贸易，但是它更容易在"自由贸易"的伪装下带来福利下降和再分配效应。

Maggi和Ossa[2]基于"贸易战－贸易谈判"模型进行了拓展，实现了对上述想法的模型化。他们将深度一体化的国际经贸规则协调区分为两类，即产品标准（product standards）和过程标准（process standards）。产品标准，是指对在给定国家销售的产品自身特征的限制，如汽车的排放标准、玩具的安全标准等。过程标准，是指对产品生产过程的限制，如对工厂的环保标准、对劳工的安全保障标准等。现代贸易协定通常包含一些过程标准，以防止"逐底竞争（race to the bottom）"。产品标准和过程标准的国际协调有着大不相同的福利效应，比如汽车的产品标准会限制汽车在本地的排放，而汽车的过程标准会限制其国际生产地的污染排放。一国政府对贸易政策的选择，需要在生产者剩余、消费者剩余和外部性之间进行平衡。

生产者游说集团通过"政治捐资"扭曲政府对贸易政策的选择。国际规则协调会削弱还是加剧游说集团对政策的扭曲，取决于不同国家游说集团的

① Rodrik D. What do trade agreements really do?[J]. Journal of economic perspectives, 2018, 32（2）: 73-90.

② Maggi G, Ossa R. Are trade agreements good for you?[J]. NBER Working Paper No. 27252, 2020.

利益是一致的（共同游说），还是冲突的（抗衡游说）。

在产品标准情形下，共同游说占上风，所以国际协定加强了游说集团对贸易政策的整体影响。这是由于所有国家的生产者都能够从放松监管中受益，宽松的产品标准意味着本地消费品价格下降，从而促进了需求，提高了世界范围内的生产者价格。反过来也意味着，关于产品标准的深度一体化协定将减少全球福利。

在过程标准情形下，游说集团的影响要良性得多。如果游说集团的影响足够大，国际协定会增进福利。这是由于国际谈判诱发了国内和国外生产者之间的抗衡游说，从而削弱了游说集团对政策的整体影响力。具体来说，国内生产者希望国内标准较宽松而国外标准较严格，这样就会降低本国生产成本而提高外国生产成本。在这种情况下，如果生产游说集团非常强大，那么没有国际协调的过程标准就会过于宽松，而国际协调会收紧过程标准，从而减轻福利扭曲。

在浅度一体化协定中，只要歧视性标准问题出现在国际谈判桌上，游说集团对协定的影响就可能是良性的，因为抗衡游说会出现在进口竞争的生产商和出口商之间。

Maggi-Ossa模型的一个重要启示是，特殊利益集团在深度一体化协定中的作用比其在浅度一体化协定中的作用更复杂，而且可能不那么良性。该模型超越了传统模型中进口竞争利益集团和出口导向利益集团之间的典型对立，而且可以将贸易协定推向增进福利或者减少福利的方向，而这又取决于特定行业内，跨越国际边界的生产者游说集团的利益是一致的还是冲突的。

美欧之间的《跨大西洋贸易与投资伙伴关系协定》（TTIP）是一个典型案例。Young[①]指出，浅度一体化协定中进口竞争和出口导向利益集团之间的典型对立，在TTIP谈判中几乎没有发挥任何作用。相反，美国和欧洲的商业利益集团在很大程度上以一种协调的方式行事，既支持TTIP谈判，又

---

① Young A R. Not your parents' trade politics: the Transatlantic Trade and Investment Partnership negotiations[J]. Review of International Political Economy，2016，23（3）: 345-378.

影响TTIP的内容。这些跨大西洋的商业联盟是贸易谈判史上的一个新现象，而这正是由于 TTIP谈判明显比以往任何贸易谈判都更深入，特别是在边境内规则协调方面。

（二）经济功利主义视角

为什么近10年来会出现普遍的抵制全球化现象？经济功利主义视角的贸易政策政治经济学文献指出，由于全球产业链和深度一体化的发展，可能对消费者集团、环保人士集团和普通选民等造成某些负面影响，而这些负面影响被传统强调生产者利益集团的贸易政策政治经济学模型忽略了，明确这些被忽略的全球化成本，可以提升贸易政策政治经济学的解释力。而另外一种后文将要介绍的意识形态和文化视角的贸易政策政治经济学文献，则强调民众对全球化普遍抵制的社会心理学动机，比如与群体认同有关的动机。

在现实中，经济动机和文化动机往往交织在一起，它们之间的界限并不明显。比如，一个选民在认为移民会损害自身经济福利的同时，可能也在文化上厌恶移民。但从理论上区分经济动机和文化动机在划分概念属性时仍是有帮助的：经济动机仍然属于经济理性的范畴，而文化动机至少有一部分在经济理性范畴之外。

Young探讨了TTIP谈判的政治和经济驱动力，提供了一个经济功利主义的好例子。他认为，公民利益集团对TTIP的反对，是由于这些人更关心安全和环境标准，而不是关税。在TTIP案例中，相关团体认为其利害关系足够大，超过了动员的成本，因而形成了反对势力。而在以往的浅度一体化贸易协定中，利害关系可能没有大到足以引发动员。Dür和Mateo[①]也提出了类似的论点。

他们在文章中指出，在TTIP谈判中观察到的欧盟和美国的差异与这种

---

① Dür A，Mateo G. Public opinion and interest group influence: how citizen groups derailed the Anti-Counterfeiting Trade Agreement[J]. Journal of European Public Policy，2014，21（8）：1199-1217.

基于利害关系的解释是一致的。比如，欧盟公民参与抵制明显强于美国，这是由于欧盟的公民团体认为风险更大，因为欧盟的法规比美国更严格。从美国公民团体的角度来看，TTIP 协定有好处也有坏处。好处是 TTIP 将促使美国与欧盟的监管标准趋同，这将对美国产生更严格的监管压力；缺点是大西洋两岸都有可能出现放松监管的压力，原因正如前一部分讨论的那样。另外，从欧盟公民团体的角度来看，TTIP 没有任何好处，他们不仅担心大企业在大西洋两岸游说放松监管，而且担心规则协调本身意味着欧盟的监管会放松。

而在 TTIP 谈判中的外国投资领域，欧盟感知到的与投资者－国家争端解决机制（ISDS）相关的利害关系，也比美国更高。从公民利益集团的角度看，对 ISDS 的主要担忧是跨国公司可能通过操控法院系统对东道国政府施加过度影响。这种担忧也与上述对安全和环境法规的担忧有重要关系，因为 ISDS 机制允许公司起诉政府施加过度的监管负担，所以 ISDS 问题不仅与广大消费者团体有关，也与环保团体有关。考虑到美国的跨国公司拥有强大的影响力，欧盟公民团体比美国公民团体更关注 ISDS 问题是有道理的。此外，在反对 TTIP 抗议活动之前的几年里，大部分已知的 ISDS 投诉都是针对欧盟成员国的，针对美国的案件则相对较少，且美国政府在所有的案件中均获胜。

（三）意识形态和文化视角

该视角强调民众对全球化普遍抵制的社会心理学动机。这种社会心理学动机大致分为两种：第一种是左翼对资本主义精英的反对，特别是对跨国公司的反对；第二种是右翼民族主义的反弹，导致对超国家当局的全面拒绝。近期的实证结果显示，右翼民族民粹主义的影响通常更大一些。

Rodrik[1] 指出，全球化与民粹主义息息相关，一方面全球化加深了全球

① Rodrik D. Why does globalization fuel populism? Economics, culture, and the rise of right-wing populism[J]. Annual Review of Economics, 2021, 13: 133-170.

竞争的赢家和输家之间的鸿沟①，从而助长了民粹主义；另一方面，经济史显示，前几个时代的全球化高潮也是以民粹主义反扑为标志的。然而，全球化显然不是造成贫富分化和经济焦虑的唯一原因，甚至可能都不是最重要的原因。但是，全球化却对政治有着极大影响，是影响远大于其他可能造成贫富分化如技术进步或者经济周期的更重要原因。这是由于各种类型的全球化冲击，特别是贸易、移民和国际金融冲击，提供了容易被感知的外国威胁目标，诸如外国出口商、移民和国际银行等，从而加深了国民和外国人之间的分歧。此外，政策需求方和供给方之间的互动也发挥了重要作用，尤其是民粹主义政客通过将"他人"描述为对选民经济福祉和文化价值的威胁，战略性地刺激了选民的经济焦虑和潜在的文化裂痕。Rodrik 还提出了一个思考这个问题的框架，以澄清全球化刺激民粹主义从而影响政策和选举的各种渠道。政策和选举结果由需求方和供给方共同决定，全球化通过以下四个机制影响政策和选举结果，需求方和供给方各有两个。（1）全球化带来的经济失调，对反精英、反全球化政策需求的直接效应；（2）全球化带来的经济失调，通过放大文化和身份分歧，对反精英、反全球化政策需求的间接效应；（3）全球化带来的经济失调，直接影响作为政策供给方的政党和政治候选人的态度；（4）政党和政治候选人故意激化选民的文化和身份分裂，以转移选民对经济问题的注意力的供给方间接效应。

以下三篇文章提出了正式的贸易政策政治经济学模型，以通过与社会群体认同有关的机制来解释对全球化的普遍抵制，具有一定代表性。

Mukand 和 Rodrik②的模型指出，政治的需求方和供给方都能触发民粹主义的兴起。该模型认为在供给方面的一个关键成分，是政治候选人可以投资于改变选民对其经济利益的信念（称为世界观政治）或改变其文化身份（称为身份政治）。该模型指出，造成收入不平等的全球化冲击会诱使政治家转

① 标准贸易理论对自由贸易的急剧收入分配效应非常清楚。
② Mukand S W, Rodrik D. The political economy of liberal democracy[J]. The Economic Journal, 2020, 130（627）: 765-792.

向文化认同战略，而这又会导致社会文化分歧的加深。此外，由于世界观政治和身份政治之间的互动，也会导致选民对符合其最佳经济利益的政策的信念发生变化。

Grossman 和 Helpman[①]建立了一个身份政治模型，其中增加收入不平等的（甚至是小的）冲击会对社会认同模式产生巨大的影响，并转向反贸易政策。在他们的模型中，低收入公民可以选择认同他们自己的收入群体，或者认同包括高收入公民在内的整个国家。后者的选择有地位上的好处（属于一个平均更富有的群体）和认知上的失调成本（感觉与群体的平均成员有差距）。如果一个经济冲击（如来自中国的进口增加），增加了群体之间的收入差距，低收入者就更难认同广泛的国家，因为认知失调成本更大。而如果低收入选民不再认同整个国家，这可能会导致他们转向保护主义政策。此外，如果社会认同还有一个非经济维度，如民族-种族裂痕，那么这种裂痕的突出性增加会引发社会的文化分裂和保护主义的上升。

在 Bonomi 等人[②]看来，内生的群体身份也是关键，但他们的模型强调了信仰扭曲和定型观念在产生文化冲突和均衡政策变化中的作用。在该模型的贸易政策应用中，他们考虑了三个基本的群体裂痕：其中两个是经济的，即低收入与高收入公民和贸易的失败者与贸易的赢家（进口导向型与出口导向型产业/地区），还有一个是文化的，例如民族主义者与世界主义者（或社会保守派与进步派）。在调查证据的推动下，他们假设贸易接触与保守主义或民族主义倾向之间存在正相关关系。第二个关键假设是，选民认同他认为与自己最接近的群体，并与外在群体形成最鲜明的对比。该模型的第三个主要成分，是选民的信念被群体身份所扭曲，通过群体刻板印象，夸大了一个群体的独特特征。在这种情况下，某些冲击，如从中国进口的增加或移民的增加会加剧文化上的分歧，民族主义者和世界主义者之间的分歧，以及贸易中

---

① Grossman G M, Helpman E. Identity politics and trade policy[J]. The Review of Economic Studies, 2021, 88（3）: 1101-1126.

② Bonomi G, Gennaioli N, Tabellini G. Identity, beliefs, and political conflict[J]. The Quarterly Journal of Economics, 2021, 136（4）: 2371-2411.

赢家和输家之间的分歧，使得传统的贫富之间的经济分歧变得不那么突出。

三、美国对华 301 关税及排除措施的政治经济学分析

贸易政策，如美国对华的加征关税与排除机制，往往导致自由贸易的扭曲和经济效率的损失，所以其背后除了经济驱动因素，还有着政治驱动因素。通过贸易政策的政治经济学分析框架，可以更深入地理解美国此次对华关税排除机制背后的驱动力量。然而，已有的贸易政策政治经济学模型似乎无法提供全部解释。Qiu 等[①]指出，由于特朗普在竞选中自己募集大部分款项，所以其受到利益集团影响而采取特定贸易政策的可能性大大降低（并不是没有），贸易政策的利益集团模型（Grossman and Helpman）[②]不能完全解释此次中美贸易摩擦；同样的还有贸易政策的中间选民模型（Mayer）[③]。

因此，本文使用更为一般性的贸易政策政治经济学框架，对美国加征关税与排除机制进行分析。通过引入新政治经济学的公共选择理论，贸易政策的政治经济学框架将贸易政策内生化，将其看作一种"政策市场"的均衡，是政策的需求方和供给方相互作用的结果。在贸易政策的需求方面，个人对贸易政策的偏好[④]，通过利益集团、政党或者基层运动，形成对特定贸易政策的"政治需求"；在供给方面，政策制定者的偏好[⑤]，在一定的制度框架下，通过与政策需求相互作用，得出最终贸易政策（Rodrik）。[⑥]任何贸易政策的需求方和供给方都应该是自洽的。

---

① Qiu L D，C Q Zhan，X Wei. An analysis of the China–US trade war through the lens of the trade literature [J]. Economic and Political Studies，7（2）：148-168，2019.

② Grossman G，Helpman E. Protection for Sale [J]. American Economic Review，1994，84（4）：833-850.

③ Mayer W. Endogenous tariff formation [J]. American Economic Review，1984，74（5）：970-985.

④ 不同要素（劳动、资本、资源等）所有者的偏好不同，高技能劳动力与低技能劳动力的偏好不同。

⑤ 诸如重新当选、转移资源至特定利益集团、实现政治理念等，当然也包括最大化社会福利。

⑥ Rodrik D. Political economy of trade policy [J]. Handbook of international economics，1995，3：1457-1494.

从贸易政策需求方面看，此次美国对华加征关税与排除机制，最大的需求方是美国制造业及相关就业。美国方面认为美中高额贸易逆差，造成了美国制造业的失业与工人收入的停滞不前（Autor et al.）。[1]这一"中国冲击"导致美国选举中的摇摆州，特别是特朗普 2016 年总统大选中获胜的"铁锈地带"宾夕法尼亚、密歇根、威斯康星等州，从 2000 年到 2016 年逐步由民主党倒向了共和党（Autor et al.）。[2]特朗普政府正是打着扭转中美贸易失衡、促使制造业回流美国的旗号，发起了此轮中美贸易摩擦。其关税排除机制是为了在兑现对上述地带的政治承诺时，防止引发其他产业地区和消费者的经济损失和政治反对，缓解因中间产品涨价或短缺导致制造业企业破产裁员的短期压力。从意识形态视角或许可以解释美国的农民等群体为什么在此次贸易摩擦中受损最大，却仍然支持特朗普的保护性关税政策。

从贸易政策供给方面看，无论是最初 500 亿美元关税清单的设置，还是其排除加征关税的标准，其真实意图都是压制中国战略性产业发展和实现全球产业链去中国化，而并非扭转中美贸易失衡，更无法促使美国制造业回流。最初的 500 亿美元清单，最能体现美国对华"301 调查"的真实意图，其所涉及的商品可替代性较高，并非中国出口的大项，对于扭转中美贸易失衡无实质作用，加税一年多以来，美国对华货物贸易逆差不降反升。而受 500 亿美元清单影响较大的行业包括机械机床、铝制品、铁道车辆、光学医疗设备以及航空航天器，显然都指向中国高新技术产业，美国战略性遏制中国产业发展的意图比较明显。在相应的排除机制执行中，无论是排除标准的制定，还是实际执行过程中的印刷电路板和轴承案例，也都证明了这一点。同时，与关税及其排除政策相配合，美国政府还大幅加强了对华科技出口管制，更加说明美国消除贸易逆差、促进对华出口的目的是服从于更高战略目标的。

---

[1] Autor D H, Dorn D, Hanson G H. The China syndrome: Local labor market effects of import competition in the United States [J]. American Economic Review, 2013, 103（6）: 2121-2168.

[2] Autor D H, Dorn D, Hanson G H. and Majlesi K, "Importing Political Polarization? The Electoral Consequences of Rising Trade Exposure," *NBER Working Paper 22637*, December 2017.

　　美国对华加征关税及排除机制的政策供给方与政策需求方并不匹配，这是现有贸易政策政治经济学模型无法解释的地方。因为新政治经济学模型往往假设，政策制定者的"公心"是最大化经济效率，而唯一"私心"就是争取选票以获得连任。但是美国对华加征关税及排除机制的事实表明，这一假设可能也不再"站得住脚"了。战略性压制他国经济赶超以维护本国的全球霸权如果是华盛顿统治精英的共识，则会凌驾于对市场自由和经济效率的追求之上，成为决策者更为重要的"公心"。至此，"铁锈地带"选民的保护主义诉求被大国博弈的逻辑所绑架，而后者变成美国政策制定者的"私心"。如何拓展贸易政策的政治经济学模型，从而能够充分解释这些新变化，也将成为后续进一步探索的方向。

第四章

中国对美301反制关税及排除措施的
经济和政治影响

本章介绍了中国对美301反制关税及排除措施的出台背景、执行程序、政策创新以及执行概况，并考察了排除措施对中国自美进口和相关产业链的影响。结果显示：一方面，免于加征中国对美301反制关税的金额规模相当可观，为缓解我国进口企业的短期压力，保障国民经济在中美贸易冲突中顺利运转，提供了缓冲地带。另一方面，中国对美反制关税的排除措施，虽然短期内部分缓解了国内进口企业的压力，使得自美进口恢复增长；但长期来看，排除措施无法完全抵消由加征关税带来的不确定性上升影响，仍然在一定程度上对自美进口造成负面影响，体现在被排除商品的对美依赖度也有所降低。

一、中国对美301反制关税排除措施执行情况分析

（一）中国对美反制关税排除措施简介

中国对美301反制关税的排除措施分为两个部分：一是"清单排除"，具体是指根据我国利益相关方的申请，将部分符合条件的商品排除出对美加征关税范围，采取暂不加征关税、具备退还税款条件的退还已加征关税税款等排除措施，于2019年5月13日开始试行。二是"市场化采购排除"，即根据相关中国境内企业的申请，对符合条件、按市场化和商业化原则自美采购的进口商品，在一定期限内不再加征中国对美反制关税，支持企业基于商业考虑从美国进口商品，并于2020年3月2日开始接受企业申请。

"清单排除"的申请与执行过程与USTR对华301加征关税排除措施的程序类似。利益相关方想要获得排除，其申请需要满足以下三个条件：（1）寻求商品替代来源面临的困难；（2）加征关税对申请主体造成严重经济损害；（3）加征关税对相关行业造成重大负面结构性影响（包括对行业发展、技术进步、就业、环境保护等方面的影响）或带来严重社会后果。中方三个排除标准主要强调了减少反制关税对中国相关企业和行业的负面影响；而美方的

排除标准中包含了"与'中国制造 2025'不相关"这样明确的压制贸易伙伴国产业发展的内容。

表 4.1 中国对美反制关税清单排除措施概况（截至 2020 年 6 月底）

清单	1–1：340 亿美元	1–2：160 亿美元	2：600 亿美元	3–1：750 亿美元 第 1 批
第 1 栏				
现行加征税率	25%	25%	25%、20%、10%、5%	5%、2.5%
起征时间与过往税率变动	2018.07.06	2018.08.23	2018.09.24（10%、5%） 2019.06.01（现行）	2019.09.01（10%、5%） 2020.02.14（现行）
涉及 HS8 税号数目	545	333	5207	1717
清单 3–1 中涉及的各清单 HS8 税号数目及叠加税率	358（5%）、25（2.5%）	22（2.5%）	227（5%）、550（2.5%）	330（5%）、202（2.5%）
代表性行业	动物产品；玉米、大豆等农产品；食品；棉花	矿产品；化工品；塑料制品；木制品；贱金属制品；车辆及零件；医疗仪器	机械器具；电气设备；光学设备；农产品；矿产品；化工品；塑料橡胶制品；皮革、纺织制品；贱金属制品	—
第 2 栏				
排除申请窗口期	2019.06.03—2019.07.05	—	2019.09.02—2019.10.18	暂未开始
已公布排除批次	2 批次	—	2 批次	—
已公布排除日期	2019.09.11、2019.12.19	—	2020.02.21、2020.05.12	—
已公布排除有效期截止日	2020.09.16、2020.12.25	—	2021.02.27、2021.05.18	—
已公布排除涉及商品数 完整税号	2	6	95	—
已公布排除涉及商品数 具体产品	2	11	43	—
已公布排除商品金额下限	0.09 亿美元	7.0 亿美元	43.9 亿美元	—
已公布排除商品金额上限	6.9 亿美元	17.6 亿美元	119.2 亿美元	—
暂停加征关税的汽车及零部件所涉 HS8 税号数目	28 个	116 个	67 个	—

续　表

清单	1-1：340 亿美元	1-2：160 亿美元	2：600 亿美元	3-1：750 亿美元第 1 批
暂停加征关税的汽车及零部件所涉金额	126.7 亿美元	7.6 亿美元	5.4 亿美元	—
已公布排除商品金额与暂停汽车及零部件金额占清单金额的比例	37.3% ～ 39.3%	9.1% ～ 15.8%	8.2% ～ 20.8%	—

注：截至目前，清单排除工作的范围为第一批和第二批中国对美反制关税，涉及上表中的清单 1-1、清单 1-2 和清单 2。其中，汽车及零部件于 2019 年 1 月 1 日暂停加征关税至今，涉及 211 个 HS8 税目，不在清单排除范围内。此外，上表暂时未考虑"市场化采购排除"的执行情况。

数据来源：中国财政部关税司（国务院关税税则委员会办公室）网站：http://gss.mof.gov.cn/。

（二）中国对美反制关税排除措施惠及广泛企业

中国对美 301 反制关税的排除措施分为两个部分。一是"清单排除"，于 2019 年 5 月 13 日开始试行。二是"市场化采购排除"，于 2020 年 3 月 2 日开始试行。再加上"暂停加征关税的汽车及零部件"，一共有三部分广义上的排除措施。具体情况如下：

（1）目前，"清单排除"措施先后公布了 4 批次排除商品清单，涉及 340 亿、160 亿美元加税清单中的 159 种商品。按照 2017 年中国自美进口价值计算，所涉金额在 51 亿~143.7 亿美元，在 1100 亿美元清单总金额中占比 4.6% ~ 13.1%，具体参见表 4.1。（2）"市场化采购排除"措施的可申请范围覆盖了排除清单以外的全部商品，惠及企业范围广泛。（3）暂停加征关税的汽车及零部件所涉金额为 139.7 亿美元，在清单总金额中占比 12.7%。

将上述三项合并，暂时免于加征中国对美 301 反制关税的金额规模相当可观，为缓解中国进口企业的短期压力，保障国民经济在中美贸易冲突中顺利运转，提供了缓冲地带。

二、中国对美301反制关税及排除措施对自美进口的影响

（一）中国自美进口概况及初步分析

2018年以来，中国自美进口增速与关税反制及排除措施密切相关。以重大关税政策为节点，中国自美进口表现可划分为4个阶段（见图4.1）。

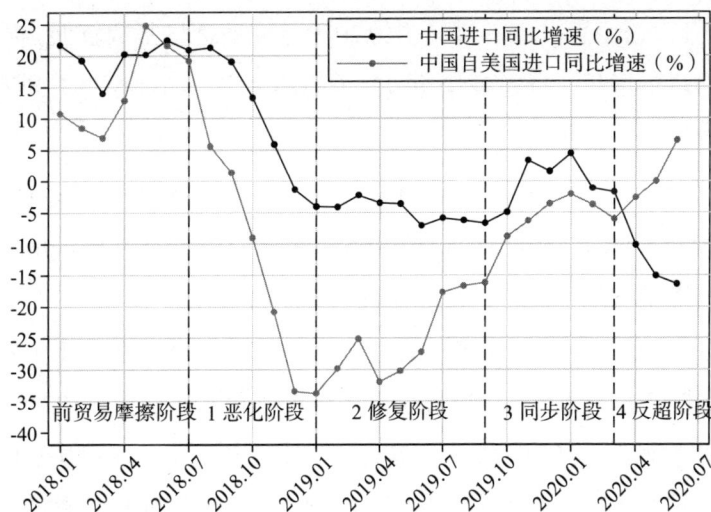

图4.1　2018.01—2020.06中国进口同比增速和中国自美进口同比增速

注：为更好地显示进口同比增速的周期性与趋势性，上图采用进口同比增速的3个月中心移动平均值。

（1）恶化阶段，中国自美进口增速大幅下滑，中国对美贸易顺差进一步扩大，主要与双方的关税清单设计息息相关。从中国第一批500亿反制关税清单来看，集中在农作物（玉米、大豆）和汽车进口上，是美国出口中国的传统优势商品，占中国同类商品进口总额的35.4%。而美国最初500亿关税清单的主要考虑是遏制中国产业升级以及最小化己方损失，并未针对中国出口大项。

（2）修复阶段，中美两国元首在G20阿根廷峰会的会面缓和了中美关系，决定停止升级关税等贸易限制措施，并指示双方经贸团队加紧磋商。2019年1月中国对美汽车及零部件暂停加征反制关税。中国自美进口增速也

触底反弹，但仍然在较低位徘徊。

（3）同步阶段，随着清单排除的不断落地，中国自美进口增速与总体进口增速的差距进一步缩小，但趋势一致。尤其是受到2020年以来的新冠肺炎疫情的冲击，二者增速同时下降。1—3月，国内疫情蔓延时期，进口增速有所下滑，但下降幅度明显低于出口。第1季度，进口同比增速为-2.9%，较上季度下降6.2个百分点，这是因为2019年同期进口基数较低，同时捐赠物资和食品进口增长，以及疫情冲击前采购的大宗商品及原材料到港等方面因素对进口形成了支撑。

（4）反超阶段，2020年4—6月，我国总体进口增速持续走弱。与此同时，在关税排除和第一阶段协议的双重作用下，中国自美进口反而逆势扩大，同比增速呈现上升趋势，与总体进口增速出现背离。

4—6月，为何我国总体进口增速走弱，而自美进口逆势走强？这是因为第2季度较第1季度增长较快行业分布在农业和能源行业，如10谷物、02肉类、27矿物燃料等（见图4.2）。这也正是中国执行第一阶段协定的结果。

但是，第1季度中国经济深受疫情影响，各行业同比增速跌幅较深，因此，第2季度虽然较第1季度大幅增长，其同比增速仍然没有恢复至疫情之前。如矿物燃料行业，第2季度同比增速较第1季度大幅上涨，达到了66.9个百分点，但同比增速仍然为-14.8%。而85电气设备、84机械设备、90仪器等大项的进口同比增速也由第1季度的负数转为第2季度的正数，但尚未大幅发力。

同时，4—6月我国总体进口增速持续下滑。这反衬出中国通过执行第一阶段协议和关税排除措施而对中美贸易起到了特殊稳定作用。为何在4—6月中国总体进口增速持续下滑？主要有四个方面的原因：第一，国内需求修复缓慢，第2季度GDP增速与历史同期相比仍处于低位（3.2%），企业投资意愿不强，制造业投资仍为负增长。第二，海外疫情蔓延，影响我国出口增长，进而拖累由出口引致的进口需求。根据OECD TiVA数据库，2014—2015年中国进口中约70%为中间产品，进口的中间品中约31%再出口。第三，海外疫情蔓延、生产秩序受到影响，制约了对中国进口订单的交付。第四，大宗商品价格下跌，对进口金额增长形成拖累。

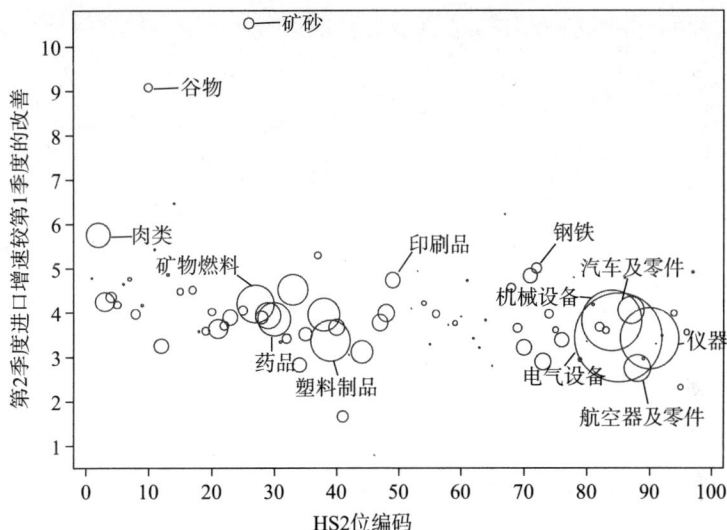

图4.2　第2季度对比第1季度：中国自美进口增长的产品行业分布

注：横轴为2位HS行业编码；纵轴为第2季度与第1季度进口增速差值的对数，反映了第2季度进口同比增速较第1季度提高的幅度。具体计算方法为：首先，筛选出第2季度进口同比增速较第1季度提高的8位HS商品；其次，按照2位HS编码将下属进口增长的8位产品加总，重新计算其在第2季度和第1季度的同比进口增速；最后，计算二者差值的对数。

气泡大小表示该行业进口额占进口总额（仅限第2季度较第1季度进口增长的产品）的比重。

数据来源：中国财政部关税司（国务院关税税则委员会办公室）和作者整理。

上述四方面原因，不仅对中国总体进口形成了压力，而且对中国自美进口产生了负面影响。因此要结合这些压力来评估中美第一阶段协定的执行进展，而非简单对照执行进度分析问题。

（二）中国进口排除措施缓解了对特定领域进口的负面影响

2019年9月以来，中国陆续开始公布排除清单商品，之后各清单中完整税号排除商品的对华贸易都得到了一定程度的恢复。从图4.3中可以看出，

2019年9月第一批排除清单公布之后，完整税号排除商品的进口同比增速开始回升。随着2019年12月、2020年2月以及2020年5月后续三批排除清单不断落地，完整税号排除商品进口同比增速加速回升，几乎没有受到疫情的影响，并于2020年3月超过了加征关税商品进口同比增速，表现强劲。

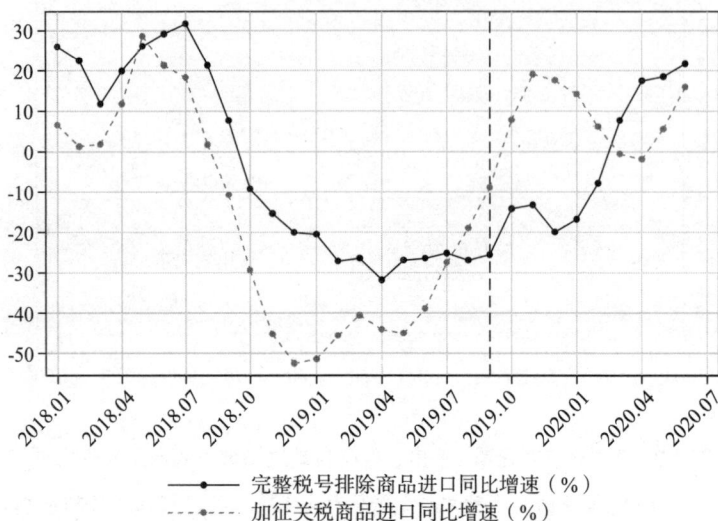

图4.3 2018.01—2020.06获排除与未获排除商品进口同比增速

注：为更好地显示进口同比增速的周期性与趋势性，上图采用进口同比增速的3个月中
心移动平均值。

此外，"市场化采购排除"于2020年3月2日开始试行，可申请排除商品的范围包括已公布实施且未停止或未暂停加征反制关税的商品，也即图4.3中的商品范围。虽然该措施的排除力度尚不可知，但从5、6月份的强劲表现来看，该措施应该发挥了相当作用。

三、中国对美301反制关税及排除措施对产业链的影响

（一）排除措施无法逆转中美相互依赖度下降

排除措施无法逆转中美相互依赖度下降，贸易脱钩迹象仍然存在。中国对美反制关税的排除措施，虽然短期内部分缓解了国内进口企业的压力，使

得自美进口恢复增长；但长期来看，排除措施无法完全抵消加征关税带来的不确定性上升影响，在一定程度上仍然对自美进口造成负面影响，体现在被排除商品的对美依赖度也有所降低。

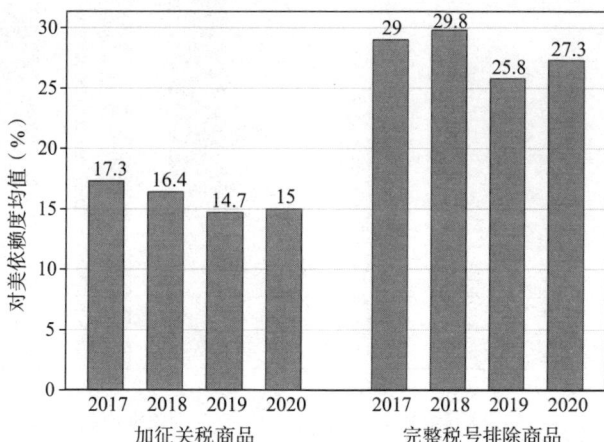

图4.4 2017—2020年加征关税商品与排除商品对美依赖度

注：首先计算每个8位HS编码商品的对美依赖度，即该商品自美进口占其总体进口的份额，再计算每个类别的年度均值。2020年为前5个月数据。

数据来源：中国海关数据。

从图4.4中可以看出，全部加征反制关税商品的对美依赖度均值从2017年的17.3%下降至2019年的14.7%，2020年小幅反弹至15%，但仍然低于贸易摩擦前2017年的水平。完整税号被排除加征反制关税商品的对美依赖度均值整体较高，这也是其获得排除的原因之一。即便如此，这部分商品的对美依赖度均值也从贸易摩擦前2017年的29%下降至2019年的25.8%，2020年反弹至27.3%，但仍然低于贸易摩擦前2017年的水平。

美国自中国进口方面同样，在美国对华301加征关税及排除机制的背景下，美国进口对华依赖度也在降低。从图4.5中可以看出，2500亿清单中，全部加征关税商品的对华依赖度均值从2017年的26.5%下降至2019年的22.6%。完整税号被排除加征关税商品的对华依赖度均值整体较高，即便如此，这部分商品的对华依赖度均值也从贸易摩擦前2017年的34.5%小幅下降至2019年的32.7%。

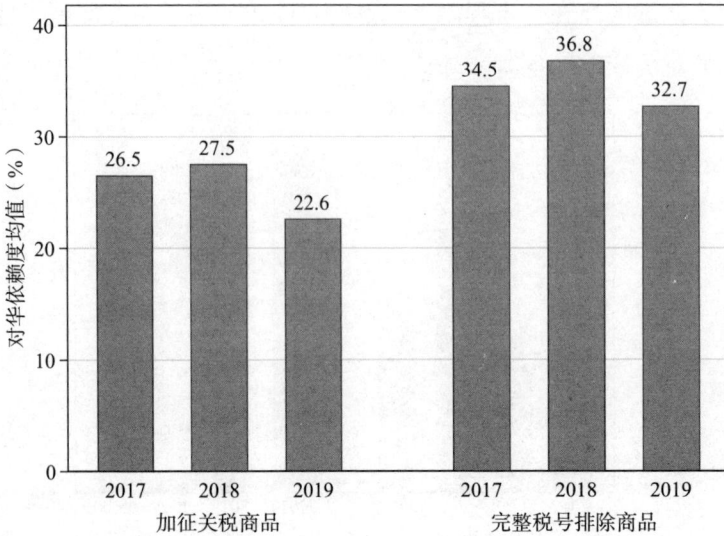

图4.5 2017—2019年2500亿清单中加征关税商品与排除商品对华依赖度

注：首先计算每个10位HTS编码商品的对华依赖度，即该商品自华进口占其总体进口的
份额，再计算每个类别的年度均值。

数据来源：USITC。

（二）排除措施与第一阶段协议的执行

第一阶段协议对2020年新增货物采购的要求，是在2017年的基础上，
新增采购制成品329亿美元、农产品125亿美元和能源产品185亿美元。第
一阶段协议英文版进一步明确了各类产品的下属分项，以该清单商品2017
年进口额为基础计算可得，2020年制成品、农产品和能源产品的自美进口
额需分别达到1086亿美元、364亿美元和250亿美元。

在疫情冲击下，2020年1—6月，无论是制成品、农产品还是能源产品，
中国自美进口均低于2017年同期水平。2020年上半年，制成品、农产品和
能源产品的自美进口额分别为303亿美元、86亿美元和13亿美元，完成了
全年目标的27.9%、23.6%和5.2%（见图4.6）。若要百分百完成2020年购买
协议，则下半年7—12月需要从美国分别进口制成品、农产品和能源产品

783亿美元、278亿美元和237亿美元，同比进口增速需要分别达到123.1%、251.9%和848%，难度很大。

上半年，在疫情防控形势总体保持稳定的情况下，居民生产生活回归正轨，复工复产稳步推进，中国自美进口在第2季度已经显现出加速势头。在此基础上，中国自美进口有望在第3、4季度进一步加速，要在2021年初达到承诺金额也并非完全不可能。但是，2021年的计划新增货物采购金额比2020年整体高出53.7%，2020年采购计划的延后将导致2021年购买计划执行压力更大。在第一阶段协议的后续执行过程中，以下问题需要重点关注。

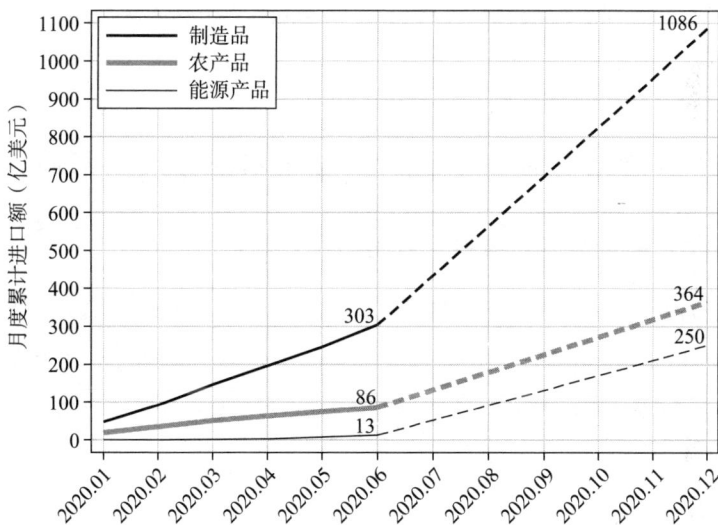

图4.6 2020年1—6月已完成采购及7—12月拟完成采购计划

第一，统计口径问题。（1）双方统计的基准水平存在差异。在第一阶段协议中，双方约定的购买计划基于2017年水平，但双方核定的2017年美国对中国出口水平存在差异。（2）未明确执行目标以离岸价还是到岸价统计。以离岸价（f.o.b.）和到岸价（c.i.f.）统计的美国对中国出口金额存在显著差异，通常离岸价统计值低于到岸价。（3）未明确转口贸易的角色。美方统计的数据可能不包括通过转口贸易进入中国的商品。（4）在双方统一统计标准的基础上，还要警惕美方通过操控数据服务大选的可能性。

第二，新冠肺炎疫情对美国供给能力的干扰。一方面，疫情使得美国企业的生产能力下降，同时还要首先满足国内对农产品和抗疫物资的需求。此外，美国大量的劳动由移民工人完成，疫情影响了劳工签证和跨境人员流动，进而造成短期劳动力短缺问题。6月上旬以来美国疫情反弹，多个州宣布暂停或撤回部分重启经济计划。根据亚特兰大联储的预测，美国第2季度GDP将下滑52.8%。另一方面，受疫情影响，全球货物运输能力严重下降。根据国际航空运输协会（IATA）统计，4月和5月全球货运吨公里数（cargo tonne-kilometres）同比分别下降25.6%和20.3%，预计2020年全年较2019年下降16.8%；乘客收入公里数（revenue passenger-kilometres）同比分别下降94%和91%。同样，海运和陆运也受到了较大影响。

专栏：中美互相加征关税对主要贸易伙伴国的影响

（一）将从中美贸易摩擦中受益的国家

基于2019年1—7月美国主要进口伙伴国贸易表现的变化值，本专栏初步考察并分析了哪些国家将从中美贸易摩擦中受益的问题。[①]考察的国家为地域上具有代表性的31个美国主要贸易伙伴国[②]，2018年1—7月美国从这些国家的进口额占其总进口额的82.2%。

2019年前7个月，美国进口总额为1.45万亿美元，与2018年同期基本持平，同比增速为0.37%。这意味着中美贸易摩擦并未影响美国的进口需求，其影响更多地体现在贸易伙伴国结构的重新调整上。图4.7汇报了2019年1—7月美国自31个主要伙伴国进口较上年同期的变化情况。

中国损失最大，沙特、智利、马来西亚和尼日利亚也都承担了一定损失。从"绝对金额"看，美国自中国进口下降最多，达366亿美元，占总

---

① 数据来源：美国进口数据来自美国国际贸易委员会（USITC），各国GDP数据来自世界银行。
② 东盟6国：越南、马来西亚、印度尼西亚、新加坡、泰国和菲律宾；东亚3国：韩国、日本和中国；南亚2国：印度和孟加拉；欧洲8国：英国、法国、德国、意大利、西班牙、俄罗斯、波兰和希腊；美洲4国：墨西哥、加拿大、巴西和智利；非洲4国：埃及、南非、肯尼亚和尼日利亚；中东3国：阿联酋、沙特和卡塔尔；中亚1国：哈萨克斯坦。

下降金额的78.1%。美国从沙特和加拿大进口规模同比也出现了下降，分别为33亿美元和18亿美元。从相对规模看，从沙特进口金额下降程度占其GDP比重最高，达到0.42%，而从中国进口金额下降仅占其GDP的0.27%。即与中国的经济体量相比，中国对美出口下降的影响仍在可承受的范围之内。从进口金额下降占GDP的比重看，尼日利亚、马来西亚和智利的损失与中国相当。

墨西哥和越南获益最明显。首先，总体上看发展中国家从中美贸易摩擦中获利的国家数目更多。2019年1—7月，21个国家在美国的进口份额提高，包括7个发达国家和14个发展中国家。其次，无论是绝对金额还是相对规模，墨西哥和越南的获益程度都显著高于其他国家。2019年1—7月，美国从墨西哥和越南进口金额分别提高125亿美元和90亿美元，占其GDP的1.0%和3.7%。金砖国家中，从印度进口增加30亿美元，占其GDP的0.11%。巴西、俄罗斯及其他发展中国家的收益不明显。日、韩和一些欧洲国家从中美贸易摩擦中也获取了一些收益，然而与这些国家的经济体量相比，收益规模不大。

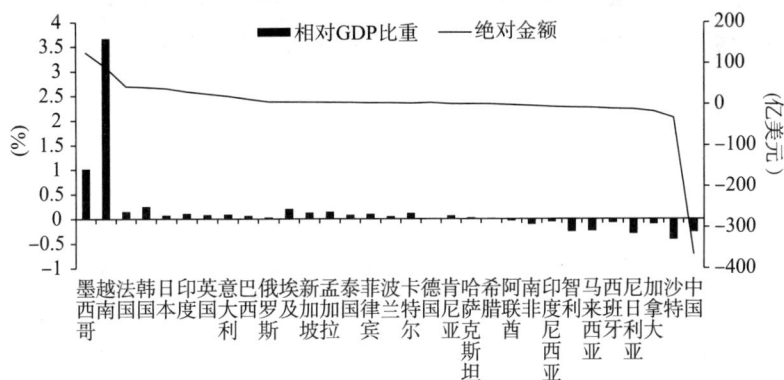

图4.7　2019年1—7月美国自主要国家进口较上年同期变化情况

注："绝对金额"为2019年1—7月美国自某国进口相对2018年同期变化金额的绝对水平。"相对GDP比重"为"绝对金额"与某国2018年名义GDP的比值。横轴按照各国在美市场份额变化排序。

数据来源：世界银行和美国国际贸易委员会。

总体来看，短期内美国对华301关税对中国向美国的出口产生了显著负面影响。与此同时，一些国家从中美贸易摩擦中获利，其中墨西哥和越南受益最大。从区域看，东盟6国中越南、新加坡、泰国和菲律宾获益，而印度尼西亚和马来西亚则蒙受损失；东亚经济体中，日、韩总体受益，中国严重受损；南亚经济体中印度和孟加拉均获益；欧洲主要国家中，除西班牙外，其他国家都有不同程度的受益；美洲经济体中，墨西哥获益，加拿大和智利受损；非洲经济体中，埃及和肯尼亚受益，南非和尼日利亚受损；中东国家中，卡塔尔受益，阿联酋和沙特受损；中亚的哈萨克斯坦整体受影响较小。

（二）重点行业中将从中美贸易摩擦中受益的国家

在重点行业方面，本专栏考察了中国对美出口规模排名前10的HS2位码行业，2019年这些行业占美国从中国进口总额的93%。这十大行业为：机电产品、杂项制品、纺织制品、贱金属制品、橡胶和塑料制品、鞋帽伞、运输设备、化学工业产品、光学和医疗等仪器、石料石膏水泥及类似材料制品。在讨论行业影响时，进一步按照关税清单进行了分类，以对比同行业面临不同进口关税的影响差异。美国对华301关税清单分为清单1（340亿美元）、清单2（160亿美元）、清单3（2000亿美元）、清单4（3000亿美元）和未列入清单产品5类。下文中使用的数据截取自2019年1—7月，对于这一时期间，清单1、2和3都已经实施加征关税，而清单4尚未开始，与未列入清单产品一并作为对照组。

结果显示，2019年1—7月，中国对美出口的前十大类产品中，只有纺织制品和鞋帽伞产品的出口额不降反升，其余八大类产品的出口额均出现下降。主要欧洲国家、东南亚国家、东亚国家以及美洲国家普遍从美国对中国机电产品加征关税上获益。越南、加拿大和马来西亚还从美国对中国杂项制品加征关税上明显获益。墨西哥、中国台湾、越南和德国则从美国对中国贱金属制品加征关税上明显获益。泰国和墨西哥从美国对中国橡胶和塑料制品加征关税上明显获益。墨西哥、韩国和欧洲国家从美国对中国运输设备加征关税上明显获益。日本、墨西哥、印度、俄罗斯和荷兰从美国对中国加征的化学工业产品关税中获益。墨西哥、爱尔兰、德国从美国对中国的光学和医疗等仪器加征关税中明显获益。印度、墨西哥和巴西从美国对中国加征的石料石膏水泥及类似材料制品关税中明显获益。此外，如果清单4正式实施，墨西哥以及南亚和东南亚发展中国家将从美国对中国加征的纺织制品和鞋帽伞产品关税中明显获益。

1. 机电产品（HS2：84~85）

中国被加征关税的机电产品对美出口大幅下降。2019年1—7月，美国从中国进口1235亿美元机电产品，同比下降16.9%，占美国从中国进口总额的47.4%。机电产品中，8.71%属于清单1，2.85%属于清单2，21.9%属于清单3，66.5%属于清单4，0.001%属于未列入清单产品。清单1机电产品在美进口占比为9.0%，较2018年同期下降4.1个百分点；清单2机电产品在美进口占比为9.4%，较2018年同期下降7.1个百分点；清单3机电产品在美进口占比为23.1%，较2018年同期下降10.7个百分点；清单4机电产品在美进口占比为60.5%，较2018年同期下降2.3个百分点。

主要欧洲国家、东南亚国家、东亚国家以及美洲国家普遍从美国对中国机电、音像设备加征关税上获益。2019年1—7月，美国从法国、英国和意大利进口的第一批加征关税的机电产品金额分别增加27.22亿、8.86亿和6.91亿美元，在美进口份额依次提高2.23、0.70和0.54个百分点。日本、越南和加拿大则在第二批加征关税的机电、音像设备产品上明显获益。2019年前7个月美国从其进口额分别增加12.92亿、5.35亿和4.83亿美元，在美进口份额提升3.79、1.54和1.40个百分点。中国台湾、墨西哥、韩国、菲律宾、越南和泰国在第三批加征关税的机电、音像设备产品上明显获益，2019年前7个月在美进口份额提升3.05、3.67、0.78、0.52、0.38和0.39个百分点。在关税清单4中的机电、音像设备类产品，越南、中国台湾和菲律宾对美出口增加明显，在美进口份额分别提高3.50、0.63和0.21个百分点。见图4.8所示。

图中各饼图数据如下：

a. 340亿清单1
- 法国，27.22
- 英国，8.86
- 意大利，6.91
- 墨西哥，5.23
- 加拿大，4.57
- 日本，3.55
- 韩国，2.91
- 中国台湾，2.61
- 巴西，2.37
- 印度，2.18

b. 160亿清单2
- 日本，12.92
- 越南，5.35
- 加拿大，4.83
- 新加坡，1.64
- 西班牙，0.93
- 土耳其，0.55
- 德国，0.34

c. 2000亿清单3
- 中国台湾，33.84
- 墨西哥，25.23
- 韩国，6.48
- 菲律宾，5.54
- 越南，4.04
- 泰国，3.71
- 印度，1.81
- 英国，1.61
- 马来西亚，1.36
- 波兰，1.18

d. 3000亿清单4
- 越南，47.72
- 中国台湾，8.80
- 菲律宾，2.82
- 爱沙尼亚，1.93
- 捷克，1.40

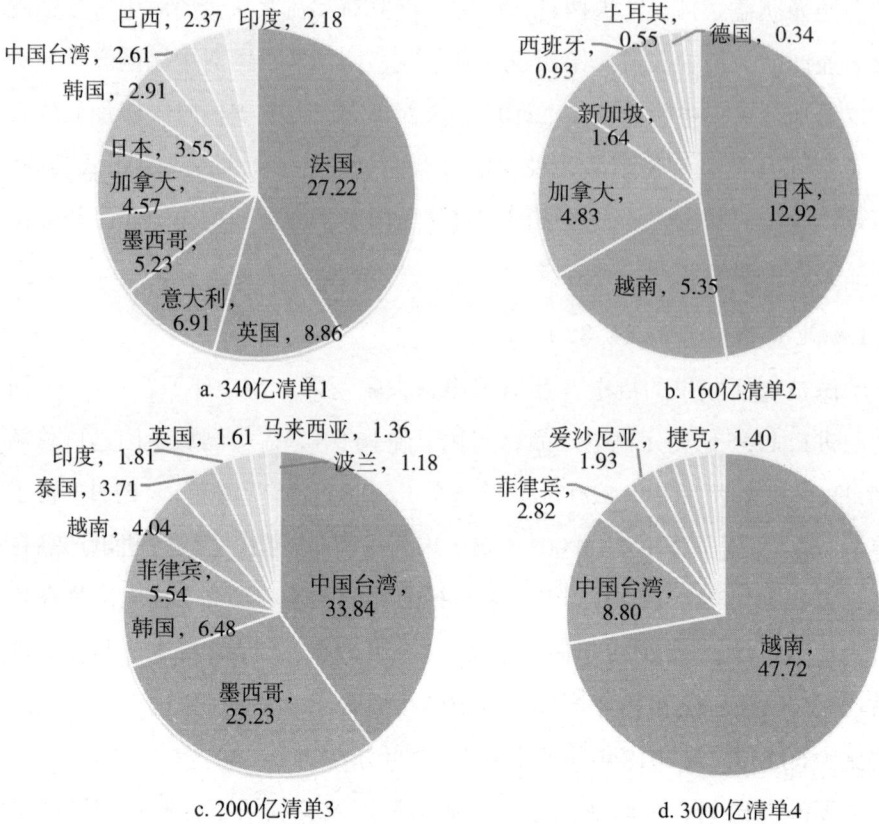

图4.8　2019年1—7月美国机电、音像设备进口额增加的前10个国家/地区（亿美元）
数据来源：世界银行和美国国际贸易委员会。

2. 杂项制品（HS2：94~96）

中国被加征关税的杂项制品对美出口明显下降。2019年1—7月，美国从中国进口的杂项制品305亿美元，同比下降8.4%，占美国从中国总进口的11.7%。其中，37.7%属于清单3，61.5%属于清单4，0.75%属于未加税产品。清单3产品在美进口占比为47.5%，同比下降7.3个百分点；清单4产品在美进口占比为60.5%，同比下降1.1个百分点。

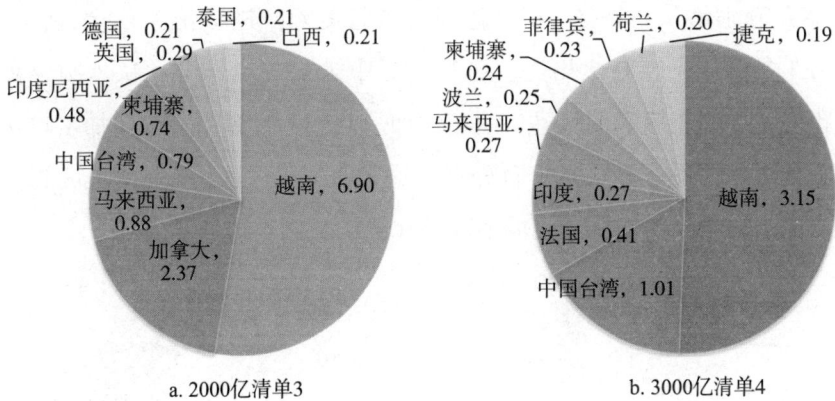

a. 2000亿清单3　　　　　　　　　b. 3000亿清单4

图4.9　2019年1—7月美国杂项制品进口额增加的前10个国家/地区（亿美元）
数据来源：世界银行和美国国际贸易委员会。

越南、加拿大和马来西亚从美国对中国杂项制品加征关税上明显获益。2019年1—7月，美国从越南、加拿大和马来西亚进口的加征关税的杂项制品金额分别提高6.90亿、2.37亿和0.88亿美元，在美进口份额依次提高3.3、1.4和0.46个百分点。与此相比，杂项制品中未加关税部分，从越南、中国台湾、法国和印度进口均有增加，这意味着东南亚国家从美国对中国杂项制品加征关税上明显获益。见图4.9所示。

3. 纺织制品（HS2：50~63）

2019年1—7月，中国纺织制品被加征关税的比重较低，对美出口仍保持增长。2019年1—7月，美国从中国进口纺织制品217亿美元，同比增加1.25%。中国对美出口的纺织制品中，7.4%属于清单3，92.6%属于清单4。清单3产品在美进口占比为19.1%，同比下降6.3个百分点；清单4产品在美进口占比为34%，同比增加0.5个百分点。由此可见，加征关税对中国对美出口纺织制品也存在负面影响，但由于样本期间加征关税的产品比重较低，使得并未观测到纺织制品行业总出口下降。

如果关税清单4实施，则以越南、孟加拉和印度为代表的亚洲国家将从中获益。2019年1—7月，美国从韩国、越南和印度进口的加征关税的纺织制品金额分别增加0.85亿、0.82亿和0.55亿美元，进口份额依次提高1.3、1.0和1.1个百分点。与此相比，纺织制品中未加关税部分，从越南、孟加拉、印度、洪都拉斯和约旦进口明显增加。其中，自越南进口增加8.47亿美元，在美进口份额提高0.66个百分点。这表明如果关税清单4落地，越南将很可能成为中国在纺织制品上的最大替代国。见图4.10所示。

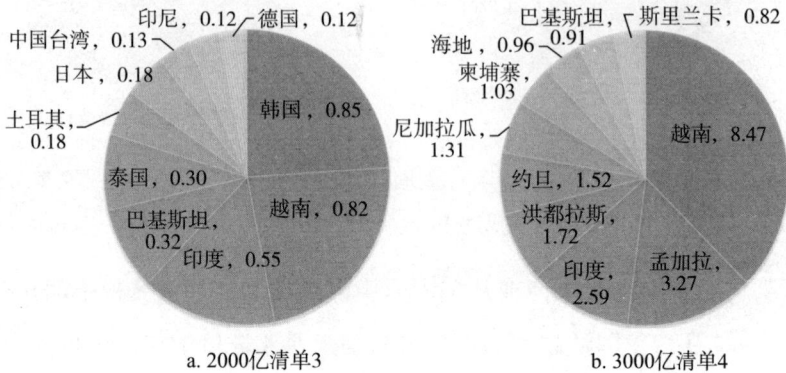

a. 2000亿清单3　　　　　　　　　b. 3000亿清单4

图4.10　2019年1—7月美国纺织制品进口额增加的前10个国家/地区（亿美元）
数据来源：世界银行和美国国际贸易委员会。

4. 贱金属制品（HS2：72~83）

中国被加征关税的贱金属制品对美出口明显下降。2019年1—7月，美国从中国进口146亿美元贱金属制品，同比下降8.0%。中国对美出口的贱金属制品中，2.34%属于清单2，62.9%属于清单3，34.7%属于清单4。清单3产品进口占比为15.8%，同比下降13.8个百分点；清单4产品进口占比为21.7%，同比下降1.5个百分点；3000亿美元清单产品进口占比为15.6%，同比增加1.9个百分点。

墨西哥、中国台湾、越南和德国从美国对中国贱金属制品加征关税上获益明显。2019年1月至7月，美国从墨西哥、中国台湾、越南、德国和巴西进口的加征关税的贱金属制品金额分别增加3.27亿、2.33亿、1.35亿、1.20亿和0.91亿美元，在美进口份额依次提高1.34、0.81、0.37、0.57和0.29个百分点。与此相比，贱金属制品中未加关税部分，从巴西和澳大利亚进口分别增加6.62亿和3.40亿美元，进口份额分别下降2.45个百分点和提高1.11个百分点。见图4.11所示。

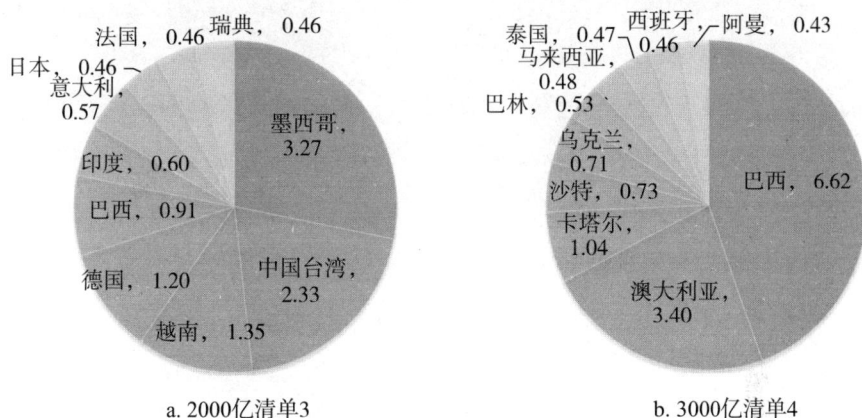

a. 2000亿清单3　　　　　　　　　　b. 3000亿清单4

图4.11　2019年1—7月美国贱金属制品进口额增加的前10个国家/地区（亿美元）

数据来源：世界银行和美国国际贸易委员会。

5. 橡胶和塑料制品（HS2: 39~40）

中国被加征关税的橡胶和塑料制品对美出口明显下降。2019年1—7月，美国从中国进口122亿美元橡胶和塑料制品，同比下降7.0%。中国对美出口的橡胶和塑料制品中，7.3%属于清单2，40.6%属于清单3，52.1%属于清单4。清单2产品在美进口占比为6.1%，同比下降4.2个百分点；清单3产品在美进口占比为19.9%，同比下降4.2个百分点；清单4产品在美进口占比为55.9%，同比增加2.3个百分点。

泰国和墨西哥从美国对中国橡胶和塑料制品加征关税上获益较多。2019年1—7月，美国从泰国、墨西哥和韩国进口的加征关税的橡胶和塑料制品在美进口份额分别提高1.52、0.55、0.45个百分点。同时，美国从印度、日本、越南和马来西亚等进口也有所增加。与此相比，橡胶和塑料制品中未加关税部分，主要从越南进口增加0.65亿美元，在美进口份额提高0.48个百分点。见图4.12所示。

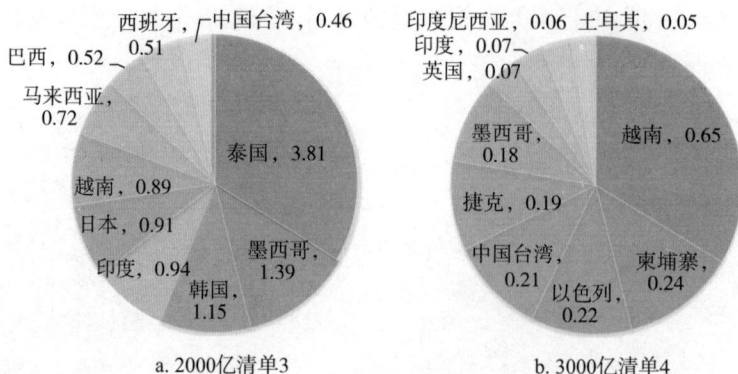

图4.12 2019年1—7月美国橡胶和塑料制品进口额增加的前10个国家/地区（亿美元）

数据来源：世界银行和美国国际贸易委员会。

6.鞋帽伞

2019年1—7月，中国鞋帽伞类产品被加征关税的比重较低，对美出口仍保持增长。2019年前7个月，美国从中国进口104亿美元鞋帽伞，同比增长0.39%。中国对美出口的鞋帽伞类产品中，5.8%属于清单3，94.2%属于清单4。清单3产品在美进口占比为51.7%，同比下降9.2个百分点；清单4产品进口占比为53.8%，同比增加1.8个百分点。

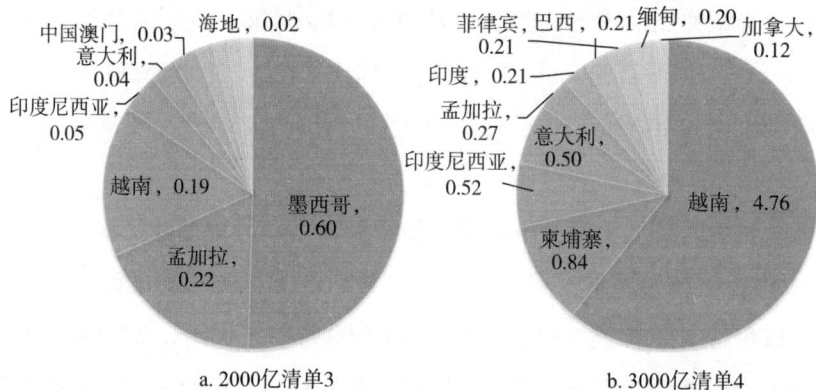

图4.13 2019年1—7月美国鞋帽伞进口额增加的前10个国家/地区（亿美元）

数据来源：世界银行和美国国际贸易委员会。

墨西哥和东南亚国家从美国对中国鞋帽伞加征关税上获益。2019年1—7

月，美国从墨西哥、孟加拉和越南进口的加征关税的鞋帽伞在美进口份额分别提高4.9、1.6和1.4个百分点。与此相比，鞋帽伞中未加关税部分，主要从越南和柬埔寨进口显著增加。其中，从越南和柬埔寨进口分别增加4.76亿和0.84亿美元，在美进口份额同比提高1.7和0.4个百分点。见图4.13所示。

7. 运输设备

中国被加征关税的运输设备对美出口明显下降。2019年1—7月，美国从中国进口的运输设备94亿美元，同比下降12.2%。中国对美出口的运输设备中，15.7%属于清单1，3.3%属于清单2，71.6%属于清单3，7.3%属于清单4，2.1%未加征关税。清单1产品在美进口占比为1.0%，同比下降0.23个百分点；清单2产品进口占比为3.3%，同比下降1.1个百分点；清单3产品进口占比为14.8%，同比下降2.5个百分点；清单4产品进口占比为27.8%，同比增加0.2个百分点；未加征关税产品进口占比为56.0%，同比增加3.2个百分点。

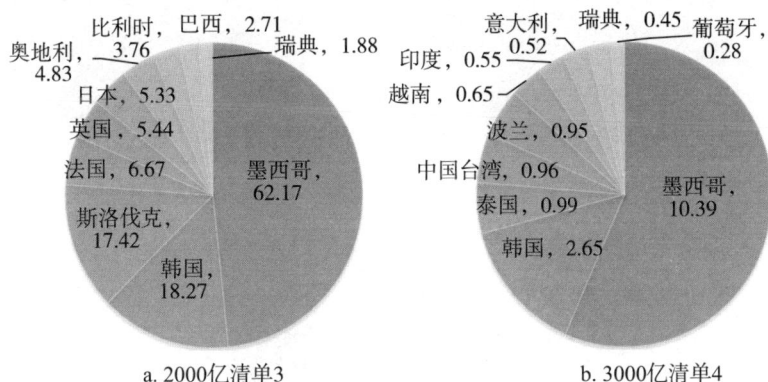

a. 2000亿清单3   b. 3000亿清单4

图4.14 2019年1—7月美国运输设备进口额增加的前10个国家/地区（亿美元）

数据来源：世界银行和美国国际贸易委员会。

墨西哥、韩国和欧洲国家从美国对中国运输设备加征关税上明显获益。2019年1—7月，美国从墨西哥、韩国、日本和一些欧洲国家进口的清单1产品中的运输设备金额明显提高。其中，美国从墨西哥进口增加62亿美元，在美进口份额提高2.5个百分点。在清单3产品中，美国从墨西哥和韩国进口依然为增加最多的两个国家，分别增加10.39亿和2.65亿美元，在美进口份额提高2.3和0.6个百分点。见图4.14所示。

8.化学工业产品（HS2：28~38）

中国被加征关税的化学工业产品对美出口明显下降。2019年1—7月，美国从中国进口的化学工业产品91亿美元，同比下降13.8%。中国对美出口的化学工业产品中，0.02%属于清单1，0.03%属于清单2，44.3%属于清单3，21.5%属于清单4，34.15%为未加征关税产品。清单3产品在美进口占比为9.8%，同比下降2.6个百分点；清单4产品在美进口占比为21.9%，同比增加3.1个百分点；未加征关税产品在美进口占比为3.4%，同比下降0.3个百分点。

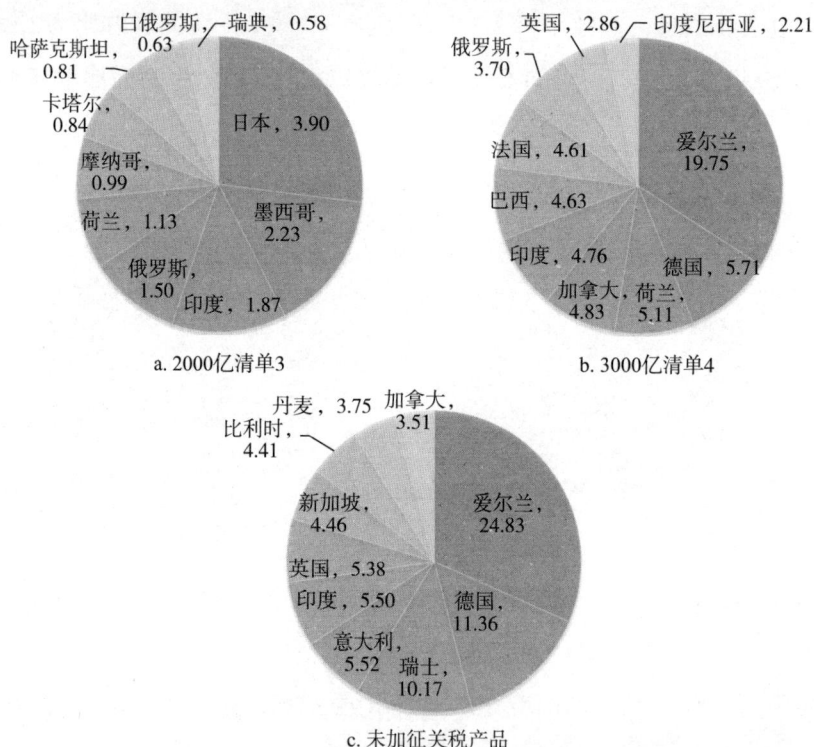

a. 2000亿清单3

b. 3000亿清单4

c. 未加征关税产品

图4.15　2019年1—7月美国化学工业产品进口额增加的前10个国家/地区（亿美元）

数据来源：世界银行和美国国际贸易委员会。

日本、墨西哥、印度、俄罗斯和荷兰从美国对中国加征的化学工业产品关税中获益。2019年1—7月，美国从日本、墨西哥、印度、俄罗斯和荷兰进口的关税清单3中的化学工业产品进口份额分别提高1.2、0.7、0.6、0.4和0.4个百分点。与此相比，化学工业产品中未加关税部分，以爱尔兰和德国为代表的欧洲国家在美市场份额较高。这意味着当关税清单4正式实施后，欧洲国家将在这些产品上替代中国，增加对美出口。见图4.15所示。

9. 光学和医疗等仪器（HS2：90~92）

中国被加征关税的光学和医疗等仪器对美出口明显下降。2019年1—7月，美国从中国进口72亿美元光学和医疗等仪器，同比下降11.2%。中国对美出口的光学和医疗等仪器中，25.5%属于清单1，3.6%属于清单2，7.6%

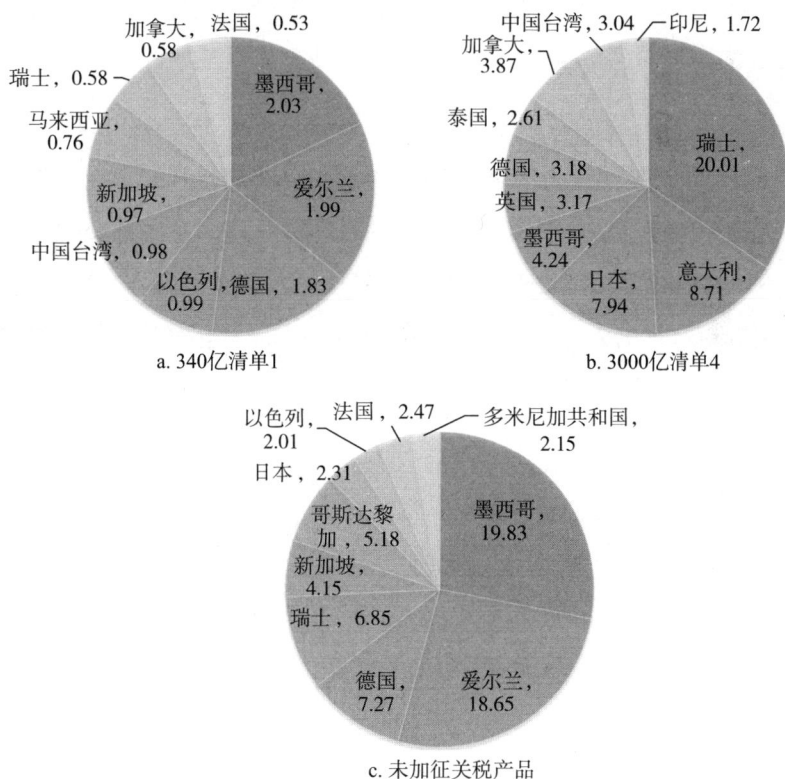

a. 340亿清单1

b. 3000亿清单4

c. 未加征关税产品

图4.16 2019年1—7月美国光学和医疗等仪器进口额增加的前10个国家/地区（亿美元）

数据来源：世界银行和美国国际贸易委员会。

属于清单3，36.2%属于清单4，27.2%为未加征关税产品。清单1产品在美进口占比为7.5%，同比下降3.9个百分点；清单2产品进口占比为10.0%，同比下降4.3个百分点；清单3产品进口占比为21.7%，同比下降4.3个百分点；清单4产品进口占比为29.1%，同比增加1.0个百分点；未加征关税产品进口占比为9.8%，同比下降0.6个百分点。

墨西哥、爱尔兰、德国从美国对中国的光学和医疗等仪器加征关税中获益较大。2019年1—7月，美国从墨西哥、爱尔兰、德国进口的清单1上的光学和医疗等仪器分别增加2.03亿、1.99亿和1.83亿美元，进口份额分别提高0.72、0.78和0.63个百分点。与此相比，在未加关税的光学和医疗等仪器中，日本、墨西哥及部分欧洲国家在美市场份额较高。这意味着当关税清单4正式实施后，这些国家将替代中国，增加对美出口。见图4.16所示。

10.石料石膏水泥及类似材料制品

中国被加征关税的石料石膏水泥及类似材料制品对美出口明显下降。2019年1—7月，美国从中国进口38亿美元的石料、石膏、水泥及类似材料制品，同比下降16.9%。中国对美出口的石料、石膏、水泥及类似材料制品中，0.03%属于清单2，60.8%属于清单3，39.2%属于清单4。其中，清单3产品在美进口占比为22.0%，同比下降7.6个百分点；清单4产品在美进口占

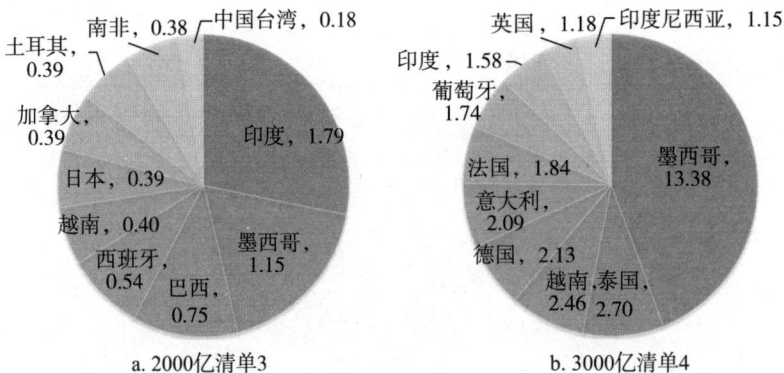

a. 2000亿清单3　　　　　　　　b. 3000亿清单4

图4.17　2019年1—7月美国石料石膏水泥及类似材料制品进口额增加的前10个国家/地区（亿美元）

数据来源：世界银行和美国国际贸易委员会。

比为60.7%，同比提高2.4个百分点。

印度、墨西哥和巴西从美国对中国加征石料、石膏、水泥及类似材料制品关税中明显获益。2019年1—7月，美国从印度、墨西哥和巴西进口的加征关税的石料石膏水泥及类似材料制品在美进口规模分别提高1.80、1.45和0.83个百分点。与此相比，石料石膏水泥及类似材料制品中未加关税部分，墨西哥在美市场份额占据绝对优势，达到1.38%。这意味着当关税清单4正式实施后，墨西哥将在这些产品上替代中国，进一步获益。见图4.17所示。

第五章

中美互相加征关税及排除措施的
福利影响

在第二章和第四章中，我们基于真实贸易数据考察了中美互相加征关税及实施排除措施的直接影响。然而，要说清中美贸易摩擦对两国总体福利的影响，则需要借助一般均衡模型。基于量化贸易模型方法，本章考察了两种情形下的福利效应：第一种是中美互相加征关税的情形，第二种是中美走向全面封闭的情形。结果显示：（1）中美相互加征25%关税，对两国福利的负面影响相对可控，中国的福利损失最大为–1.6%，美国的福利损失最大为–0.2%。（2）如果中国回到封闭经济状态，其福利将下降约55%；如果美国回到封闭经济状态，其福利将下降约20%。（3）中间品贸易与规模经济对中国的福利效应有较大影响，中间品进口会带来技术进步与生产成本下降，而规模经济的引入则会放大这一效应，这在一定程度上说明中国仍然大幅受益于技术引进带来的经济增长效应。上述结果说明，中美贸易摩擦之初市场的强烈悲观情绪，主要来自于中美贸易摩擦引发的对于中国对外开放进程出现倒退的预期；只要中国坚定地落实扩大对外开放政策，中美贸易摩擦对于中国经济的影响就会相对有限，市场也将重拾信心。

一、引言

始于2018年的中美贸易摩擦，堪称史上规模最大的关税摩擦。截至目前，美国仍然保留着对中国输美3700亿美元商品的301关税，中国也保持着大部分对美国输华商品的反制关税。中美之间相互加征关税的详细情况见表5.1和表5.2。虽然此前于2020年1月15日签订的《中美第一阶段经贸协议》使贸易摩擦停止了升级，但是中美新一轮经贸谈判因受到新冠肺炎疫情冲击、拜登政府对华贸易政策评估等因素影响尚未启动，这些都使得中美互相加征关税及排除措施，将在未来相当一段时间内继续影响两国的福利水平。

表5.1　美国对华301关税清单概况

清单	涉及金额（亿美元）	起征时间与税率调整时间	额外税率	代表性行业
1	340	2018.07.06	25%	机械器具；电气设备；光学医疗设备；车辆
2	160	2018.08.23	25%	电气设备；塑料制品；机械器具；钢铁制品
3	2000	2018.09.24 2019.05.10	（10%） 25%	机械器具；电气设备；家具；车辆；钢铁制品；皮革制品
4	3000　4A 1200 4B 1800	2019.09.01 2020.02.14 2019.12.15（暂缓）	（15%） 7.5% 0%（15%）	电气设备；机械器具；玩具；服装；鞋靴；家具；塑料制品

数据来源：美国USTR官网、美国联邦纪事官网。

表5.2　中国反制关税清单概况

清单	涉及金额（亿美元）	起征时间与税率调整时间	额外税率及所涉及 HS8 税号数目	代表性行业
1	340	2018.07.06	25%（545）	农产品；汽车；水产品
2	160	2018.08.23	25%（333）	能源产品；化工品；汽车
3	600	2018.09.24 2019.06.01	10%（2493）；10%（1078）；5%（974）；5%（662） 25%（2493）；20%（1078）；10%（974）；5%（662）	农产品；矿产品；化工品；塑料橡胶制品；皮革制品；木制品；纸制品
4	750　4A 4B	2019.09.01 2020.02.14 2019.12.15（暂缓）	10%（270）；10%（646）；5%（64）；5%（737） 5%（270）；5%（646）；2.5%（64）；2.5%（737） 10%（749）；10%（163）；5%（634）；5%（1815）	农产品；能源产品；化工品；塑料制品 金属制品；机电设备；汽车；光学仪器

注：汽车及零部件于2019.01.01—2019.12.15暂停加征关税，涉及211个HS8税目，其中清单1中28个，清单2中116个，清单3中67个。

数据来源：中国财政部关税司（国务院关税税则委员会办公室）官网。

　　中美贸易摩擦以来，诸多文献针对加征关税对国家福利的影响进行了测算，主要采用的测算方法有以下三类：一是可计算一般均衡模型

（Computational General Equilibrium，CGE），如李春顶等人[①]；二是可计算局部均衡模型，如倪红福等人[②]、吕越等人[③]；三是量化贸易模型，如郭美新等人[④]、樊海潮和张丽娜[⑤]。但整体来说，无论使用哪种模型，其测算结果通常较小，中美互相加征关税对于两个国家真实收入的影响大都低于1%，详见表5.3。既然中美贸易摩擦带来的可能福利损失如此之小，为什么这一事件却引发了全球关注和金融市场的强烈动荡呢？唯一的解释就是中美贸易摩擦这一事件所带来的预期效应可能被已有文献忽略了。

表5.3　中美贸易摩擦福利测算文献结论汇总

文章	作者	发表	测算方法	假设情形	主要结论
中美贸易摩擦应对政策的效果评估	李春顶、何传添、林创伟	中国工业经济，2018.10	可计算一般均衡模型（CGE）	美国单方面征收45%关税	中国真实工资下降 -0.147%，美国真实工资上升 0.051%
				中美相互征收45%关税	中国真实工资下降 -0.368%，美国真实工资下降 -0.273%
				人民币实际汇率贬值10%，中美45%关税	中国真实工资上升 2.618%，美国真实工资下降 -0.611%
				中国与其他国家之间的贸易成本下降20%	中国真实工资上升 0.17%，美国真实工资下降 -0.21%

① 李春顶，何传添，林创伟.中美贸易摩擦应对政策的效果评估[J].中国工业经济，2018（10）:137-155.

② 倪红福，龚六堂，陈湘杰.全球价值链中的关税成本效应分析——兼论中美贸易摩擦的价格效应和福利效应[J].数量经济技术经济研究，2018，35（8）:74-90.

③ 吕越，娄承蓉，杜映昕，等.基于中美双方征税清单的贸易摩擦影响效应分析[J].财经研究，2019，45（2）:59-72.

④ 郭美新，陆琳，盛柳刚，等.反制中美贸易摩擦和扩大开放[J].学术月刊，2018，50（6）:32-42.

⑤ 樊海潮，张丽娜.中间品贸易与中美贸易摩擦的福利效应:基于理论与量化分析的研究[J].中国工业经济，2018（9）:41-59.

续　表

文章	作者	发表	测算方法	假设情形	主要结论
反制中美贸易摩擦和扩大开放	郭美新、陆琳、盛柳刚、余淼杰	学术月刊，2018.06	量化贸易模型：EK2002 & 中间品贸易	美国对中国实行单边的45%贸易关税	中国真实工资下降 -0.042%，美国真实工资下降 -0.661%
				中国同样对美国征收45%的关税	中国真实工资上升0.080%，美国真实工资下降 -0.753%
中间品贸易与中美贸易摩擦的福利效应：基于理论与量化分析的研究	樊海潮、张丽娜	中国工业经济，2018.09	量化贸易模型：MO2008 & 中间品贸易	美国单方面征收25%关税	中国真实工资下降 -0.0090%，美国真实工资下降 -0.0045%
				中美相互征收25%关税	中国真实工资下降 -0.0161%，美国真实工资下降 -0.0158%
全球价值链中的关税成本效应分析——兼论中美贸易摩擦的价格效应和福利效应	倪红福、龚六堂、陈湘杰	数量经济技术经济研究，2018.08	可计算局部均衡模型：全球投入产出价格模型	中美相互就500亿美元商品（初步清单）加征25%关税	中国福利损失1.79亿美元（占2018年中国GDP的0.0013%），美国福利损失47.92亿美元（占2018年美国GDP的0.0234%）
基于中美双方征税清单的贸易摩擦影响效应分析	吕越、娄承蓉、杜映昕、屠新泉	财经研究，2019.02	可计算局部均衡模型：WITS-SMART模型	中美相互就500亿美元商品（实施清单）加征25%关税	中国福利损失总计13.5亿美元（占2018年中国GDP的0.0099%），美国福利损失总计4.95亿美元（占2018年美国GDP的0.0024%）

数据来源：作者整理。

　　基于量化贸易模型方法，本章考察了两种情形下的福利效应：第一种是中美互相加征关税的情形，第二种是中美走向全面封闭的情形。之所以考察第二种极端情形，是由于市场的强烈悲观情绪，即中美贸易摩擦将引发中美贸易脱钩以及中国对外开放进程出现倒退的预期，而这样的情形所对应的福利损失不可能是无足轻重的。

　　量化贸易模型方法，基于贸易模型推导出的贸易引力方程来实现福利测算，实现了贸易微观理论基础与宏观数据的完美统一。该领域的开创性工作来自 Arkolakis，Costinot 和 Rodríguez-Clare。[①]他们的主要贡献在于，证明了一系列重要贸易模型的福利测算，都可以通过推导出引力模型，从而仅需要基于宏观数据和两个关键参数计算。两个关系参数为：（1）一国在国内产品上的支出份额；（2）进口相对于国内支出对于可变贸易成本的弹性（即贸易弹性）。

量化贸易模型方法测算福利，与传统的CGE和可计算局部均衡模型相比，最大的好处是其简洁性、透明性以及与多个贸易理论模型的兼容性。研究者可以较为容易地识别关键参数，并理解其大小是如何影响福利结果的；可以使用真实数据来估计关键参数，而不是像CGE模型中使用现成的弹性；并且量化贸易模型可以兼容广泛的贸易模型，从而使其估计结果具备了微观理论基础（Costinot，Rodríguez-Clare）。[②]

本章基于量化贸易模型，在多个贸易模型下，测算了中美互相加征关税以及中美走向全面封闭的福利效应。结果显示：（1）中美相互加征25%关税的情形，对两国福利的负面影响相对可控，中国的福利损失最大为–1.6%，美国的福利损失最大为–0.2%。（2）如果中国回到封闭经济状态，其福利将下降约55%；如果美国回到封闭经济状态，其福利将下降约20%。（3）中间品贸易与规模经济对中国的福利效应有较大影响，中间品进口会带来技术进步与生产成本下降，而规模经济的引入则会放大这一效应，这在一定程度上说明中国仍然大幅受益于技术引进带来的经济增长效应。上述结果说明，市场的强烈悲观情绪，主要来自于中美贸易摩擦引发的对于中国对外开放进程出现倒退的预期；只要中国坚定地落实扩大对外开放政策，中美贸易摩擦对于中国经济的影响就会相对有限，市场也将重拾信心。

---

① Arkolakis C, Costinot A, Rodríguez-Clare A. New trade models, same old gains?[J]. American Economic Review, 2012, 102（1）: 94-130.

② Costinot A, Rodríguez-Clare A. Trade theory with numbers: Quantifying the consequences of globalization[M]//Handbook of international economics. Elsevier, 2014, 4: 197-261.

二、中美互相加征关税对中美两国及世界主要地区的福利影响

（一）测算方法与情景说明

本章参考了 Costinot 和 Rodríguez-Clare 的方法，将该领域最具代表性的 5 个贸易模型纳入统一的福利测算框架下，分别考察每个模型下的福利影响。这 5 个模型分别是，（1）单部门阿明顿模型（Armington Model）；（2）多部门－完全竞争模型（相当于 EK 模型）（Eaton，Kortum）[①]；（3）多部门－垄断竞争模型；（4）可贸易中间品－完全竞争模型（相当于 CP 模型）[②]（Caliendo，Parro）[③]；（5）可贸易中间品－垄断竞争模型。不同模型测算的福利差异，可以清晰反映不同贸易模型设定的重要特征。比如 CP 模型在 EK 模型的基础上加入了中间品贸易，即明确考虑了全球产业链的影响，而这是 20 世纪 90 年代以来最重要的贸易现象。垄断竞争模型与完全竞争模型相比，相当于引入了新贸易理论的规模经济（Krugman 情形），而完全竞争模型是假设规模报酬不变的。

量化贸易模型的福利效应推导过程是类似的，简单来说可以分为两步：第一步，通过贸易模型推导出相应的引力方程；第二步，假设贸易成本出现扰动，推导出相应的福利变动。考虑到本章的篇幅和易读性，具体公式推导过程可参考 Arkolakis，Costinot & Rodríguez-Clare[④] 和 Costinot & Rodríguez-Clare[⑤]，不再赘述。

---

① Eaton J，Kortum S. Technology，geography，and trade[J]. Econometrica，2002，70（5）：1741-1779.

② 在该领域运用广泛，郭美新等人（2018）即使用 CP 模型。

③ Caliendo L，Parro F. Estimates of the Trade and Welfare Effects of NAFTA[J]. The Review of Economic Studies，2015，82（1）：1-44.

④ Arkolakis C，Costinot A，Rodríguez-Clare A. New trade models，same old gains?[J]. American Economic Review，2012，102（1）：94-130.

⑤ Costinot A，Rodríguez-Clare A. Trade theory with numbers: Quantifying the consequences of globalization[M]//Handbook of international economics. Elsevier，2014，4: 197-261.

（二）福利测算结果与分析

表5.4展示了中美互相加征25%关税时，中国和美国在5种贸易模型下的真实收入变动。该情形是对现实中中美互相加征关税情况的简化，当前中美并没有对全部可贸易品加征关税，而且还实现了加征关税由升到降的转变。因此，该情形可视作中美互相加征关税福利损失的一个上限。

从表5.4中可以得出以下结论：

第一，中美互相加征关税将对双方造成净福利损失，这也进一步证实贸易战没有赢家。但与已有文献的测算结果类似，如果中美贸易摩擦局限于关税领域，即使中美互相对全部可贸易产品加征25%的关税，中国最大的福利损失仅为1.6%，美国的福利损失为0.2%。

表5.4　中美互相加征25%关税的福利效应变动

地区	中美真实收入的变动（中美互相加征 25% 关税）				
	单部门	多部门，没有中间品		多部门，有中间品	
		完全竞争	垄断竞争	完全竞争	垄断竞争（Krugman）
	1	2	3	4	5
中国	−0.066%	−0.048%	−0.063%	−0.137%	−1.614%
美国	−0.031%	−0.037%	−0.041%	−0.072%	−0.192%
太平洋地区	0%	0%	0.01%	0%	0.02%
印度洋地区	0%	0%	0%	0.01%	−0.128%
西亚	0%	0%	0%	0.01%	0%
拉丁美洲	0.01%	0.01%	0.04%	0.03%	0.15%
加拿大	0.01%	0.01%	0.13%	0.02%	0.78%
西欧	0%	0%	0%	0.01%	0.01%
东欧	0%	0.01%	0%	0.01%	−0.093%
北欧	0%	0%	−0.003%	0%	−0.033%
南欧	0%	0%	0%	0.01%	−0.001%
世界其他地区	−0.001%	0%	0.01%	0.01%	0.45%

注：以上测算基于2014年世界投入产出表数据。2014年世界投入产出表包含44个国家/地区以及56个行业，由于解方程组的计算量过于庞大，本报告压缩至12个国家/地区以及16个行业计算，具体压缩方法见附件5.1。

数据来源：世界投入产出数据库WIOD（Timmer et al., 2015）。

第二，表5.4中5个模型的测算结果均表明，中国的福利损失要大于美国。已有文献的测算在这一点上有所不同，其中樊海潮和张丽娜、李春顶等人、吕越等人的测算结果与表5.4一致，显示中国的整体福利损失大于美国；而郭美新等人和倪红福等人的测算结果则相反，显示美国的福利损失大于中国。对该结论差异的解释较为关键的一点是，中间品贸易。由于对中间品加征关税的福利损失要远远大于对最终消费品加征关税，而中国从美国进口的商品中，中间品的份额要远远高于美国从中国进口的商品，所以中国的福利损失相对较大是合理的。如苏庆义和高凌云[1]的研究表明，总体而言，中国对关键原材料和核心零配件的进口依赖仍极为严重。

第三，中间品贸易与规模经济对于福利测算有较大影响。同时引入中间品贸易和规模经济之后，表5.4中第4、5列相对于第1、2、3列，贸易福利损失大幅上升，而这一效应对于中国尤其明显。中间品进口所代表的是其包含的新技术和投入品成本的下降，而规模经济的引入则会放大这一效应，这在一定程度上说明中国经济仍然大幅受益于技术引进带来的经济增长效应。

第四，中美贸易摩擦对于世界其他地区的影响不同。加拿大、墨西哥以及部分拉丁美洲国家将从中美贸易摩擦中获益。其中获益最大的是加拿大，在模型5下，其真实收入将上升0.78%。亚太地区受中美贸易摩擦的影响相对较小，其中日本、韩国、澳大利亚和中国台湾，将小幅获益；而印度和印度尼西亚则有可能受损。欧洲地区受中美贸易摩擦的影响也相对较小，除西欧地区可能小幅获益外，东欧、北欧和南欧都将小幅受损。

三、中美全面封闭对中美两国的福利影响

（一）测算方法与情景说明

前文中的测算结果和已有文献均表明，中美贸易摩擦如果只局限在贸易领域，其福利影响是相对可控的，福利损失最多在1%左右。那么为何金融

---

① 苏庆义，高凌云.全球价值链分工位置及其演进规律[J].统计研究，2015，32（12）:38-45.

市场对中美贸易摩擦的反应如此强烈？原因在于中美贸易摩擦已经不仅仅局限于关税领域，而是向投资、科技、金融、人员交流等多领域扩展开来，加之市场、媒体、学术界对于中美经济脱钩的揣测不绝于耳，所以对于经济前景的悲观预期造成了金融市场的大幅波动。这种悲观预期有着绝大部分的非理性成分，但不能否认其中有一点是合理的，那就是其极大地肯定了贸易开放对于中国经济增长的作用。

本部分内容将测算一种极端情形下的贸易福利变化，即中国如果回到封闭经济状态，其真实收入将有多大变动。诚然，封闭经济状态是一种极端的反事实状态，不可能出现在当今世界中，但却有助于理解贸易开放的整体价值。有趣的是，这一价值是如此广泛地根植于广大人民群众的思维中，从而通过预期，真实地影响着市场情绪。

（二）福利测算结果与分析

表5.5展示了2000—2014年，中国如果回到封闭经济状态，真实收入变动的百分比。可以看到以2014年的数据测算，如果中国回到封闭经济状态，真实收入将下降约55%，结果令人惊叹。

表5.5　中国的贸易福利效应（2000—2014年）

年份	中国的贸易福利效应（相对于封闭经济状态，用真实收入变动的百分比表示）				
	单一部门	多部门，没有中间品		多部门，有中间品	
		完全竞争	垄断竞争	完全竞争	垄断竞争
	1	2	3	4	5
2000	1.4%	2.0%	1.8%	1.0%	39.4%
2001	1.4%	2.3%	1.8%	1.0%	39.9%
2002	1.6%	2.6%	2.0%	1.2%	41.3%
2003	1.9%	3.2%	2.5%	1.5%	45.2%
2004	2.1%	3.4%	2.9%	1.6%	43.9%
2005	2.0%	3.1%	2.8%	1.4%	44.2%
2006	2.0%	3.3%	3.0%	1.4%	45.6%
2007	1.9%	3.0%	3.0%	1.3%	47.7%
2008	1.7%	2.7%	2.9%	1.1%	47.8%
2009	1.4%	2.2%	2.3%	1.0%	52.9%

续　表

年份	中国的贸易福利效应（相对于封闭经济状态，用真实收入变动的百分比表示）				
	单一部门	多部门，没有中间品		多部门，有中间品	
		完全竞争	垄断竞争	完全竞争	垄断竞争
	1	2	3	4	5
2010	1.6%	2.6%	2.7%	1.1%	56.4%
2011	1.6%	2.6%	2.7%	1.1%	55.7%
2012	1.4%	2.3%	2.4%	0.9%	54.6%
2013	1.3%	2.1%	2.2%	0.8%	55.6%
2014	1.2%	2.1%	2.0%	0.8%	54.8%

注：以上测算使用的是世界投入产出表数据。完全竞争和垄断竞争由公式中的参数 δ_s 表征，$\delta_s=0$ 表示完全竞争，$\delta_s=1$ 表示垄断竞争。

数据来源：世界投入产出数据库WIOD（Timmer et al.，2015）。

具体分析如下：

第1列是在单部门阿明顿模型下测算的贸易福利效应，2000—2014年，如果中国回到封闭经济状态，国民真实收入只会比现实中低1.2%～2.1%，很难说这是一个很大的变化。这一结论由于阿明顿模型为了计算简便，采取了严格的假设，所以离现实经济状况较远，后面的模型逐步放松假设，使得模型更为贴近现实经济状况。

第2、3列放松了阿明顿模型中的单一部门假设，而采用多部门模型，使得我们可以扑捉由贸易引起的生产要素在不同部门之间重新配置所带来的福利效应。在完全竞争情形下，中国的贸易福利效应在2000—2014年，平均为2.63%；而在垄断竞争情形下，平均为2.47%。可以看到，考虑多部门模型之后，中国的贸易福利效应得到了稍许提升，但并不显著。

第4、5列，在多部门模型的基础上引入了可贸易中间品，使我们得以捕捉由于进口中间品中包含的新技术以及投入品成本下降所带来的福利效应。2000—2014年，在完全竞争情形下，中国的贸易福利效应平均为1.15%；在垄断竞争模型下，中国的贸易福利效应平均为48.33%。可以看到，同时引入中间品进口和规模经济之后，来自贸易的福利效应大大增加了。中间品进口所代表的是其包含的新技术和投入品成本的下降，而规模经济的引入则会放大这一效应。这在一定程度上说明中国经济仍然大幅受益于技术引进带来的经济增长效应，贸易开放带来的技术进步对于经济增长具有重要意义。

在第5列中，中国的贸易福利效应在2000—2014年平均达到了48.33%。也就是说，如果中国回到封闭经济状态，国民真实收入会比现实中降低约55%。由此可见，贸易开放对于中国经济的意义确实非常巨大。再来看一下贸易福利效应在时间上的变动：中国在2001年年底加入了世贸组织，之后经历了一个外贸快速增长的时期，可以看出贸易福利效应在2001年之后一路上扬，并在2010年达到了顶峰，这说明中国确实享受到了入世的红利。随着2008年国际金融危机的爆发，外部环境疲软，贸易福利效应出现小幅下降，但依然维持在高位。

表5.6　美国的贸易福利效应（2000—2014年）

年份	美国的贸易福利效应（相对于封闭经济状态，用真实收入变动的百分比表示）				
	单一部门	多部门，没有中间品		多部门，有中间品	
		完全竞争	垄断竞争	完全竞争	垄断竞争（Krugman）
	1	2	3	4	5
2000	1.4%	4.2%	2.8%	0.6%	22.2%
2001	1.3%	4.0%	2.7%	0.5%	21.6%
2002	1.3%	4.2%	2.7%	0.5%	21.5%
2003	1.3%	4.1%	2.7%	0.5%	21.1%
2004	1.4%	4.1%	2.8%	0.5%	20.9%
2005	1.5%	4.1%	2.8%	0.6%	20.7%
2006	1.6%	4.3%	3.0%	0.6%	20.3%
2007	1.6%	4.2%	3.1%	0.6%	20.0%
2008	1.7%	4.0%	3.1%	0.6%	18.8%
2009	1.4%	3.2%	2.5%	0.4%	17.0%
2010	1.6%	3.9%	2.9%	0.5%	18.3%
2011	1.7%	4.2%	3.1%	0.6%	19.0%
2012	1.6%	4.6%	3.1%	0.6%	19.6%
2013	1.6%	4.6%	3.1%	0.6%	19.8%
2014	1.6%	4.6%	3.1%	0.6%	20.4%

注：以上测算使用的是世界投入产出表数据。完全竞争和垄断竞争由公式中的参数 δ_s 表征，$\delta_s=0$ 表示完全竞争，$\delta_s=1$ 表示垄断竞争。

数据来源：世界投入产出数据库WIOD（Timmer et al., 2015）。

如果美国经济回到封闭经济状态，其福利损失又如何呢？表5.6展示了2000—2014年，美国如果回到封闭经济状态，真实收入变动的百分比。可以看到，以2014年的数据测算，如果美国回到封闭经济状态，其真实收入将下降20%，虽然影响较大，但小于中国的损失。其原因主要有以下几点：第一，美国的对外依存度远远小于中国；第二，在进口贸易结构中，美国的中间品进口份额小于中国；第三，美国的外海直接投资规模远大于中国，而上述测算仅局限于贸易归零的福利损失。

四、小结

本章参考Costinot和Rodríguez-Clare的量化贸易模型方法，基于5种典型贸易模型，考察了两种情形下的福利效应：第一种是中美互相加征关税的情形，第二种是中美走向全面封闭的情形。

在第一种情形下，中美相互加征25%的关税，中美两国与世界其他国家和地区的贸易关系不变。结果显示，中美相互加征关税对两国福利的负面影响相对可控，中国的福利损失上限为–1.6%，美国的福利损失上限为–0.2%。对于世界其他地区的影响呈现差异，加拿大、墨西哥以及部分拉丁美洲国家将从中美贸易摩擦中获益；亚太地区所受影响相对较小，其中日本、韩国、澳大利亚和中国台湾将小幅获益，而印度和印度尼西亚则有可能受损；欧洲地区所受影响也相对较小，除西欧地区可能小幅获益外，东欧、北欧和南欧都将小幅受损。

在第二种情形下，如果中国回到封闭经济状态，其福利将下降约55%；如果美国回到封闭经济状态，其福利将下降约20%。

此外，中间品贸易与规模经济，对于中国的福利效应有较大影响，中间品进口会带来技术进步与生产成本下降，而规模经济的引入则会放大这一效应，这在一定程度上说明中国仍然大幅受益于技术引进带来的经济增长效应。

上述结论表明，市场对于中美贸易摩擦的强烈悲观情绪，主要来自于中美贸易摩擦引发的关于中美贸易脱钩和中国对外开放进程出现倒退的预期。

只要中国坚定地落实扩大对外开放政策，中美贸易摩擦对于中国经济的影响就会相对有限，市场也将重拾信心。2018年以来，中国坚定不移推进高水平对外开放，保持了宏观经济的平稳运行，中美关税摩擦的负面影响始终在可控范围内。而在新冠肺炎疫情的冲击下，由于中国疫情防控得力，复工复产充分，外贸表现尤其抢眼，展现了"世界工厂"的实力和担当。

附件5.1　WIOD国家/地区压缩对照表

44国家/地区	12国家/地区	44国家/地区	12国家/地区
中国	中美	匈牙利	东欧
美国	美国	波兰	东欧
澳大利亚	太平洋地区	罗马尼亚	东欧
日本	太平洋地区	俄罗斯联邦	东欧
韩国	太平洋地区	斯洛伐克	东欧
中国台湾	太平洋地区	丹麦	北欧
印度尼西亚	印度洋地区	爱沙尼亚	北欧
印度	印度洋地区	芬兰	北欧
塞浦路斯	西亚	英国	北欧
土耳其	西亚	爱尔兰	北欧
巴西	拉丁美洲	立陶宛	北欧
墨西哥	拉丁美洲	拉脱维亚	北欧
加拿大	加拿大	挪威	北欧
奥地利	西欧	瑞典	北欧
比利时	西欧	西班牙	南欧
瑞士	西欧	希腊	南欧
德国	西欧	克罗地亚	南欧
法国	西欧	意大利	南欧
卢森堡	西欧	马耳他	南欧
荷兰	西欧	葡萄牙	南欧
保加利亚	东欧	斯洛文尼亚	南欧
捷克	东欧	世界其他地区	世界其他地区

第六章

美国钢铝232关税及排除措施对全球产业链的影响

美国特朗普政府于2018年以国家安全为由对进口钢铝产品征收232关税，并启动相应排除机制，距今已3年有余。基于相关数据，本章对钢铝产品232关税及排除措施的实施效果和影响进行了评估，结论显示：（1）232关税使美国钢铝产品全球供应链更"安全"。通过国别豁免，232关税加强了加拿大和墨西哥两个邻近国家的供应链地位；通过产品排除，232关税维持了欧盟和日本等安全盟友国家的供应链地位，并大幅削弱了与中国和俄罗斯等竞争对手国家的钢铝产品贸易联系。（2）美国钢铝产品232关税的本国经济收益显然是得不偿失，但利益集团的政治影响力使得拜登政府也不敢轻易取消该关税。（3）拜登政府还将继续扩大232关税的使用范围以维护特定产品的全球供应链安全，并在其间联合盟友，对中国实现精准打击。（4）232关税的打击范围虽小，但在其影响下中国2020年输美钢铝产品的贸易额相比2017年已减半。中国更应重视232关税的国际产业链布局重构效应，提前引导风险产品实现出口目的国多元化。

一、美国钢铝 232 关税及排除措施概况

2018年3月8日，特朗普政府依据美国1962年《贸易扩展法》第232条款发布9705号和9704号总统公告①，以国家安全为由对进口钢铝产品分别加征25%和10%的关税，并于2018年3月23日生效，涉税进口钢铝产品约为500亿美元。②此后，又在2020年1月24日发布9980号总统公告③，进一步扩大232钢铝关税的产品范围，对部分钢铝衍生品分别加征25%和10%的关

---

① Proclamation 9705 of March 8，2018. "Adjusting Imports of Steel Into the United States"；Proclamation 9704 of March 8，2018. "Adjusting Imports of Aluminum Into the United States".

② 以2017年美国进口量计算，其中涉税进口钢铁产品305.2亿美元，自中国进口10.7亿美元；涉税进口铝产品192.9亿美元，自中国进口25.2亿美元。

③ Proclamation 9980 of January 24，2020. "Adjusting Imports of Derivative Aluminum Articles and Derivative Steel Articles Into the United States".

税，并于2020年2月8日生效，涉税进口钢铝衍生品约为13亿美元。[①]但在2021年4月5日，美国国际贸易法院（Court of International Trade，CIT）裁定232关税不适用于钢铝衍生品，9980号总统公告因逾越法律授权和违反程序规定而被确认为无效。截至目前，钢铝232关税仅适用于9704号和9705号总统公告涵盖的钢铝产品。

美国商务部对进口钢铝制品启动232调查始于2017年4月20日，主要内容是确定进口钢铝产品是否危害了美国国家安全。美国商务部呈交总统的调查报告认为，美国钢铝产品进口量过大，有损美国经济和国防安全，建议采取关税或者配额手段以降低钢铝产品进口量，使美国国内钢铝产能利用率提升至80%，这一产能利用率水平对产业长期健康至关重要。

232钢铝关税的征收力度自2020年开始大幅下降，原因有三个：一是最大钢铝产品来源地加拿大和墨西哥自2019年5月起被豁免232关税；二是产品排除的力度逐渐加大；三是钢铝产品进口量在关税和配额的作用下持续下降。美国海关和边境保护局（Customs and Border Protection，CBP）征收的232钢铝产品关税在2018、2019和2020财年分别为45亿美元、51亿美元和15亿美元。

拜登政府执政以来，不但不敢轻易取消钢铝产品232关税，还可能继续扩大232关税的使用范围，以维护钕磁铁等特定产品的国际供应链安全。钕磁铁是一种重要的稀土产品，中国钕磁铁产量约占全球总产量的90%。该项措施如实施，将对中国钕磁铁出口影响很大。

那么已经实施3年有余的钢铝产品232关税是否确实起到了维护美国供应链安全的作用，其经济收益成本如何，对中国相关产业有多大影响？基于232关税企业排除申请数据和相关贸易数据，下文将对这些问题进行深入探讨。回答这些问题，有助于深刻理解美国232关税的运行机制，预测拜登政府的关税措施走向，并引导中国相关产业提前进行风险规避。

---

① 以2017年美国进口量计算，其中涉税进口钢铁衍生品7.8亿美元，自中国进口0.7亿美元；涉税进口铝衍生品5.3亿美元，自中国进口0.5亿美元。

二、美国钢铝232关税及排除措施对全球产业链的影响

（一）产地豁免对全球产业链的影响

在对进口钢铝产品加征232关税的同时，美国采取了产地豁免和产品排除机制，使得实际涉税金额大幅下降。但美国钢铝产品关税的产地豁免机制，完全由美方根据自身的亲疏关系作出决断，严重违反了作为多边贸易体制基石的非歧视原则。截至2021年6月底，产地豁免的具体情况参见表6.1。

表6.1　美国232钢铝产品进口及产地豁免情况（截至2021年6月底）

	铝产品（加征10%）					
贸易伙伴国	进口金额 2017年，亿美元	进口份额 2017年	进口金额 2020年，亿美元	进口份额 2020年	进口金额变动 2020年相对2017年	备注
豁免国家/地区						
加拿大*	72.3	37.5%	58.2	41.4%	−19.5%	
墨西哥*	5.0	2.6%	5.0	3.5%	0%	
阿根廷	5.7	3.0%	3.3	2.3%	−42.1%	绝对配额
澳大利亚	2.2	1.1%	1.6	1.2%	−27.3%	
豁免加总	85.2	44.2%	68.1	48.4%	−20.1%	
未被豁免国家/地区						
欧盟	14.9	7.7%	15.2	10.8%	2.0%	反制关税
中国	25.2	13.1%	11.9	8.5%	−52.8%	反制关税
阿联酋	15.1	7.8%	8.7	6.2%	−42.4%	
俄罗斯	17.0	8.8%	4.2	3.0%	−75.3%	反制关税
印度	4.2	2.2%	3.5	2.5%	−16.7%	反制关税
巴林	6.0	3.1%	3.5	2.5%	−41.7%	
南非	3.5	1.8%	3.3	2.3%	−5.7%	
沙特阿拉伯	1.5	0.8%	2.7	1.9%	80%	
韩国	1.4	0.7%	2.5	1.8%	78.6%	
未豁免加总	107.7	55.8%	72.6	51.6%	−32.6%	
美国总进口	192.9	—	140.7	—	−27.1%	

续　表

钢铁产品（加征 25%）					
贸易伙伴国	进口金额 2017 年，亿美元	进口份额 2017 年	进口金额 2020 年，亿美元	进口份额 2020 年	进口金额变动 2020 年相对 2017 年	备注
豁免国家 / 地区					
加拿大 *	52.6	17.3%	40.3	23.1%	−23.4%	
墨西哥 *	25.8	8.4%	22.9	13.1%	−11.2%	
巴西	25.6	8.4%	17.4	10.0%	−32.0%	绝对配额
韩国	29.6	9.7%	16.3	9.3%	−44.9%	绝对配额
澳大利亚	2.1	0.7%	2.1	1.2%	0	
阿根廷	2.3	0.8%	0.3	0.2%	−87.0%	绝对配额
豁免加总	138.1	45.2%	99.2	56.8%	−28.2%	
未被豁免国家 / 地区					
欧盟	63.8	20.9%	36.3	20.8%	−43.1%	反制关税
日本	18.1	5.9%	10.7	6.2%	−40.9%	
中国台湾	13.4	4.4%	6.5	3.7%	−51.5%	
中国	10.7	3.5%	5.4	3.1%	−49.5%	反制关税
土耳其	12.7	4.2%	2.7	1.6%	−78.7%	反制关税
越南	5.7	1.9%	2.6	1.5%	−54.4%	
俄罗斯	14.9	4.9%	2.0	1.1%	−86.6%	反制关税
印度	7.9	2.6%	1.9	1.1%	−75.9%	反制关税
阿联酋	2.4	0.8%	1.8	1.0%	−25.0%	
未豁免加总	167.1	54.8%	75.5	43.2%	−54.8%	
美国总进口	305.2	—	174.7	—	−42.8%	

注：* 加拿大和墨西哥曾在 2018 年 6 月 1 日至 2019 年 5 月 17 日，被征收 232 钢铝关税；在此期间，加墨两国也对美国的钢铝产品和部分农产品采取了反制关税。

数据来源：根据美国联邦纪事中 232 钢铝关税的相关政策文件整理，贸易数据来自美国国际贸易委员会（USITC）数据库。

被豁免 232 铝产品关税的产地有 4 个，分别是加拿大、墨西哥、阿根廷和澳大利亚，以 2020 年贸易数据计算，被豁免的铝产品进口金额为 68.1 亿美元，占美国 232 铝产品进口总额的 48.4%。在被豁免铝产品关税的 4 个产地中，阿根廷接受了美国的配额要求，其 2020 年输美铝产品金额相比 2017 年下降了 42.1%，也是 4 个被豁免产地中降幅最大的，甚至大于许多未被豁免产地的输美铝产品金额的降幅。

被豁免232钢铁产品关税的产地有6个，分别是加拿大、墨西哥、阿根廷、澳大利亚、巴西和韩国。被豁免的钢铁产品进口金额为99.2亿美元，占美国232钢铁产品进口总额的56.8%。^①在被豁免钢铁产品关税的6个产地中，巴西、韩国和阿根廷接受了美国的配额要求。这3个产地2020年输美钢铁产品金额相比2017年的降幅要远高于被豁免产地的平均贸易金额降幅。可见，配额对于钢铁产品出口的打击并不亚于关税。

加拿大和墨西哥是美国钢铝产品最重要的贸易伙伴国，其中加拿大是美国铝和钢铁产品的第一大进口来源国。但由于美加和美墨最初并未就232关税问题达成一致，加拿大和墨西哥曾在2018年6月1日至2019年5月17日被美国征收232钢铝关税，而加拿大和墨西哥也分别对美国采取了反制关税措施。直到2019年5月17日，美加墨三方才就232钢铝关税问题达成和解，在钢铝进口量得到监控的条件下，三方各自撤回232钢铝关税和相应的反制关税。^② 2020年，加拿大和墨西哥在美国铝产品进口总额中占到了44.9%，在美国钢铁产品进口总额中占到了36.2%，相比2017年都有较大提升。通过国别豁免，232关税加强了加拿大和墨西哥两个邻近国家在钢铝供应链中的地位，使得美国钢铝产品国际供应链更加区域化、北美化。

（二）产品排除对全球产业链的影响

在产地豁免之外，为了尽量消除232关税对美国国内钢铝产品消费者和下游产业的负面影响，美国商务部同时启动了产品排除机制。由美国相关进口企业提出排除申请，美国商务部进行审核并作出裁决。与对华301关税产品排除机制不同的是，232关税产品排除没有基于HTS税号的产品排除清单，而是针对每一份企业申请作出裁决，这极大地增加了美国商务部的工作量。

---

① 根据总统公告中的232钢铝产品HTS清单计算，贸易数据来自美国国际贸易委员会（USITC）数据库。

② USTR，May 17，2019. "United States Announces Deal with Canada and Mexico to Lift Retaliatory Tariffs". https://ustr.gov/about-us/policy-offices/press-office/press-releases/2019/may/united-states-announces-deal-canada-and.

美国国会研究服务所（Congressional Research Service，CRS）的报告①显示，截至 2021 年 2 月 7 日，美国商务部共收到 28.8 万余份排除申请，其中约 26 万份针对钢铁产品，约 2.8 万份针对铝产品。在针对钢铁产品 232 关税的全部 260450 份排除申请中，有 59% 的排除申请被批准，21% 被拒绝，15% 被驳回或撤销，5% 待裁决。在针对铝产品 232 关税的全部 27571 份排除申请中，有 61% 的排除申请被批准，18% 被拒绝，19% 被驳回或撤销，2% 待裁决。从这些初步数据可以看出，产品排除的规模相当大。

表6.2　232 钢铝关税排除申请的原产地分布

排名	原产地	排除申请数	批准比例
1	欧盟	33803	82.0%
2	日本	12651	83.8%
3	中国	9179	85.3%
4	巴西	2404	81.4%
5	韩国	2157	61.8%
6	中国台湾	1949	71.4%
7	加拿大	1641	61.8%
8	印度	1178	85.7%
9	墨西哥	853	75.6%
10	南非	409	81.7%
11	乌克兰	383	81.5%
12	瑞士	276	55.8%
13	泰国	273	71.4%
14	土耳其	163	31.3%
15	俄罗斯	156	21.8%
总数		68265	80.5%

数据来源：美国商务部相关网站。2018 年 4 月—2019 年 6 月：https://www.regulations. gov/docket/BIS-2018-0006/document；2019 年 6 月—2020 年 4 月：https://232app.azurewebsites.net.

---

① Congressional Research Service. May 18，2021. "Section 232 Investigations: Overview and Issues for Congress"。该报告数据直接来自于美国商务部工业与安全局（Bureau of Industry and Security，BIS）。

具体来看，本章使用美国商务部微观企业排除申请数据[①]，对钢铝 232 关税产品排除的国别情况做进一步分析。从排除申请的原产地分布看，没有获得国别豁免的欧盟和日本是排除申请数量最为集中的原产地。仅欧盟一个地区就占到全部排除申请的 49.5%，而排除申请的批准比例 82% 也略高于整体平均的 80.5%。通过产品排除这一渠道，232 关税对欧盟输美钢铝产品的负面影响被大幅缓解。相比 2017 年，欧盟输美铝产品金额在 2020 年不降反升，进口份额由 7.7% 上升至 10.8%；输美钢铁产品 2020 年的进口份额为 20.8%，基本与 2017 年持平。日本是钢铝产品排除申请第二多的原产地，通过产品排除这一渠道，232 关税对日本输美钢铝产品的负面影响也并未超过平均水平。日本在美国钢铁产品进口中的份额由 2017 年的 5.9% 小幅上升至 2020 年的 6.2%。

而中国的情况则大不相同。美国政府曾多次指责中国通过补贴等非市场经济手段促使钢铁和铝产量过快增长，是钢铝产品全球产能过剩的主要责任者。中国为原产地的排除申请数目占总排除申请数目的 13.4%，略高于中国在美国钢铝产品进口总额中的份额；批准比例为 85.3%，甚至高于欧盟和日本。但与欧盟和日本不同的是，产品排除并没有缓解 232 关税对中国输美钢铝产品的负面影响。相比 2017 年，2020 年中国输美铝产品金额下降了 52.8%，在美国铝产品进口总额中的占比由 13.1% 下降至 8.5%；中国输美钢铁产品金额下降了 49.5%，在美国钢铁产品进口总额中的占比由 3.5% 下降至 3.1%。

另一个具有代表性意义的是俄罗斯。俄罗斯为原产地的排除申请数目仅占总排除申请数目的 0.2%，远远低于俄罗斯在美国钢铝产品进口总额中的份额；批准比例为 21.8%，远远低于平均水平的 80.5%。相比 2017 年，2020 年俄罗斯输美铝产品金额下降了 75.3%，在美国铝产品进口总额中的占比由 8.8% 下降至 3.0%；俄罗斯输美钢铁产品金额下降了 86.6%，在美国钢铁产

[①] 该数据截至 2020 年 4 月，后因美国商务部相关网站的技术原因，232 钢铝关税的排除申请数据无法下载，所以无法更新至最新日期。但从 2020 年起，232 钢铝关税的征收力度大幅下降，也因此使得 2018、2019 年的数据更具代表性。

品进口总额中的占比由4.9%下降至1.1%。

　　产品排除的执行结果，再次折射出美国在地缘政治上的亲疏关系。通过差别化地执行产品排除措施，232关税维持了欧盟和日本等安全盟友在美国钢铝产品全球供应链中的地位，并大幅削弱了与中国和俄罗斯等竞争对手的钢铝产品贸易联系。

三、钢铝232关税及排除措施对美国的影响

（一）钢铝产品232关税及排除措施对美国相关进口的影响

　　从美国相关钢铝产品的进口贸易额看，232关税及配额措施确实起到了贸易保护作用。相关钢铁产品年进口额出现较大幅度下降，从232关税实施前2017年的305.2亿美元，下降至2019年的251.8亿美元（降幅17.4%），2020年叠加全球新冠肺炎疫情的影响，进一步下降至174.7亿美元（降幅42.8%）。相关铝产品年进口额，从2017年的192.9亿美元，下降至2019年的178.5亿美元（降幅7.5%），2020年进一步下降至140.7亿美元（降幅27.1%）。

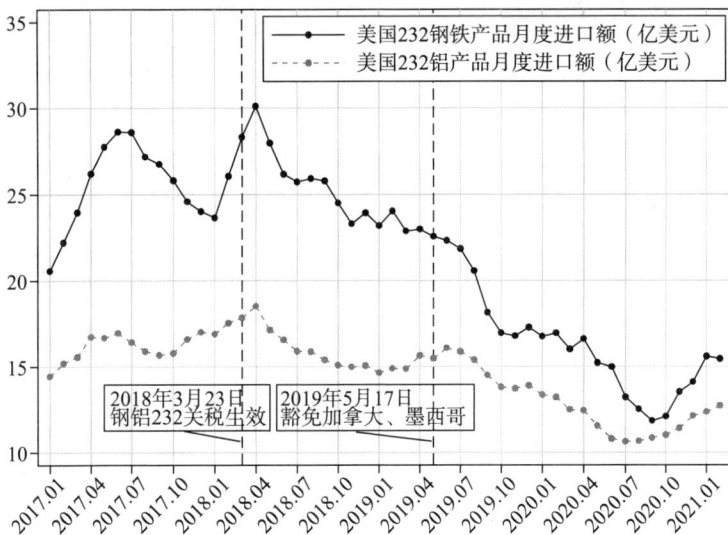

图6.1　美国232钢铝产品月度进口额（2017.01—2021.02）

从相关钢铝产品的月度进口额变动上可以更清晰地看到232关税实施对相关钢铝贸易趋势的影响。由图6.1可以看出，232关税于2018年3月23日正式生效之后，相关的钢铁产品和铝产品进口都呈现了下降趋势；2019年5月17日，加拿大和墨西哥被豁免，钢铝产品进口的下降趋势得到短暂放缓；2020年4月，全球新冠肺炎疫情加剧，钢铝产品进口加速下滑；随着全球新冠肺炎疫情的缓解，钢铝产品进口到2020年第3季度触底反弹后，呈现逐渐上升趋势。可以预期，2021年美国232钢铝产品进口情况将好于2020年，但与2017年相比仍会有较大降幅。

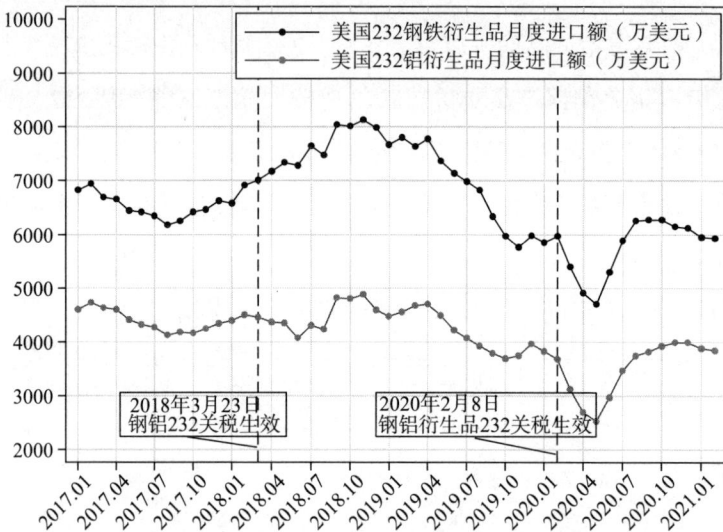

图6.2 美国232钢铝衍生品月度进口额（2017.01—2021.02）

特朗普政府于2020年2月8日征收了钢铝衍生品232关税，其原因是钢铝232关税加征之后，钢铝衍生品的进口额大幅上升，从图6.2中也可以看出这种趋势。钢铝衍生品232关税生效后，相关进口也大幅下降。但该关税已经于2021年4月5日被美国国际贸易法庭宣布无效，预期相关贸易将趋于平稳。

（二）钢铝产品232关税及排除措施对美国钢铝产业生产和就业的影响

232关税的主要目的之一，是通过提升美国国内钢铝产品价格，以恢复美国钢铝产业的产能利用率。那么在进口呈现较大幅度下降的情形下，美国钢铝产业的生产和就业是否有所恢复？

从美国的粗钢产量上看，2017 年 232 关税之前的年产量为 8160 万吨，加征 232 关税之后，粗钢产量呈现小幅上升趋势，2018 年为 8660 万吨（升幅 6.1%），2019 年为 8780 万吨（升幅 7.6%），2020 年由于新冠肺炎疫情的影响，粗钢产量降为 7200 万吨（降幅 11.8%）。[①]美国钢铁价格在 2018 年以后出现了剧烈浮动，以热轧带钢为例，受 232 关税的短期影响，其价格在 2018 年 7 月超过了每吨 1000 美元，是近 10 年的最高点。疫情后经济重启导致供需不平衡，美国国内钢铁价格再次飙升。2021 年 3 月，美国热轧带钢的价格比西欧高出 36%，比中国高出 106%[②]，下游制造商可能会更倾向于从国际市场上购买钢铁原材料，即便要缴纳额外的 25% 关税。232 关税对钢铁行业就业的提振效果很有限，根据美国劳工统计局的数据，美国钢铁行业的工作岗位在 2018 年和 2019 年一共增加了 8500 个，比 2017 年增加了 6.2%。[③]然而，2020 年钢铁行业就业人数 137200 人，比前一年下降了 6%，与 2017 年相比几乎没有变动。

从美国的原铝产量上看，2017 年 232 关税之前的年产量为 74.1 万吨，加征 232 关税之后，原铝产量呈现上升趋势，2018 年为 89.1 万吨（升幅 20.2%），2019 年为 109.3 万吨（升幅 47.5%），2020 年即便有新冠肺炎疫情的影响，原铝产量也只相较 2019 年小幅下降至 100 万吨，相较征税前的 2017 年升幅达 35%。[④]虽然原铝产量有较大升幅，但从美国铝制品行业的相关就业看，232 关税后的 3 年与钢铁产业类似，几乎没有变动。根据美国劳

---

① 数据来源：美国地质调查局（USGS），Mineral Commodity Summary，Iron and Steel. https://www.usgs.gov/centers/nmic/iron-and-steel-statistics-and-information

② 数据来源：Steelbenchmarker: Price History，Tables and Charts. http://steelbenchmarker.com/files/history.pdf.

③ 数据来源：美国劳工统计局（BLS）：Current Employment Statistics，Iron and Steel Mills（NAICS 3311）and Steel Products（NAICS 3312），https://www.bls.gov/ces/

④ 数据来源：美国地质调查局（USGS），Mineral Commodity Summary，Aluminum. https://www.usgs.gov/centers/nmic/aluminum-statistics-and-information

工统计局的数据，2020年美国铝行业就业人数56900人，比2017年减少了700人。

（三）反制关税对美国出口的影响

美国单边施行的钢铝产品232关税引起了某些国家和地区的不满，中国、欧盟、俄罗斯、印度、土耳其先后施行了反制关税，至今仍生效，涉及美国年出口额72亿美元（2020年贸易金额），详细信息见表6.3。反制关税主要涉及美国钢铝产品和农产品，对其相关产品的出口造成了较大负面影响。

加拿大和墨西哥也曾对美国的钢铝和农产品实施反制关税，涉及美国年出口额141亿美元（2019年贸易金额），但随着美国、加拿大和墨西哥于2019年5月17日就钢铝关税问题达成和解，三方各自撤销了相关关税。

表6.3　针对美国钢铝232关税实施反制关税的经济体及相关信息

国家	涉及美出口金额	生效日期	税率	涉及主要美国出口产品
中国	32亿美元	2018.04.02—今	15% ~ 25%	钢铝、猪肉、水果
欧盟	16亿美元	2018.06.22—今	10% ~ 25%	钢材、波本威士忌、摩托车
印度	12亿美元	2018.06.16—今	10% ~ 25%	钢铁、苹果、化学品
土耳其	11亿美元	2018.06.21—今	4% ~ 70%	煤炭、石油焦炭、干果、牛皮纸
俄罗斯	2亿美元	2018.07.06—今	25% ~ 40%	摩托车
加拿大	已取消	2018.07.01—2019.05.17	10% ~ 25%	钢铝、橙汁、西红柿酱、波本威士忌
墨西哥	已取消	2018.06.05—2019.05.17	15% ~ 25%	钢铁、猪肉、苹果、奶酪、波本酒

数据来源：CRS报告。

（四）钢铝产品232关税及排除措施对美国不同地区的影响

232钢铝关税的产品排除只能由美国相关进口企业提出申请，从这些企业的所在地可以看出受232钢铝关税影响最大的区域的分布。提交排除申请最多的10个州为得克萨斯州、伊利诺伊州、加利福尼亚州、俄亥俄州、密歇根州、宾夕法尼亚州、纽约州、印第安纳州、新泽西州、南卡罗莱纳州。这10个州提交的排除申请占到总申请量的84%，具体信息见表6.4。其中前3个州得克萨斯州、伊利诺伊州和加利福尼亚州就占到总申请量的46%，接近1/2，是受到232钢铝关税负面影响最大的地区。

表6.4 232钢铝关税排除申请的美国地区分布

排名	州	提交排除申请数	批准比例	涉及企业数
1	得克萨斯州	13496	76.3%	224
2	伊利诺伊州	11309	82.1%	164
3	加利福尼亚州	6757	70.6%	103
4	俄亥俄州	6093	89.9%	135
5	密歇根州	4991	80.0%	135
6	宾夕法尼亚州	4407	80.5%	88
7	纽约州	3449	86.9%	51
8	印第安纳州	2501	83.3%	64
9	新泽西州	2453	80.3%	39
10	南卡罗莱纳州	1813	88.6%	60
	总数	68265	80.5%	1579

数据来源：美国商务部相关网站。2018年4月—2019年6月：https://www.regulations.gov/docket/BIS-2018-0006/document；2019年6月—2020年4月：https://232app.azurewebsites.net.

美国钢材的四大产地分别是印第安纳州、俄亥俄州、密歇根州和宾夕法尼亚州，这4个州的粗钢产量已经超过全美产量的50%。其中，宾夕法尼亚州、俄亥俄州和密歇根州这3个传统民主党的票仓在2016年反转并为特朗普当选立下了汗马功劳。他们投票给特朗普的目的之一就是希望特朗普当选以后能够利用贸易保护措施来保护当地的传统产业，如钢铁业。[1]但事实上，"杀敌一千，自损八百"，这4个州的钢铝下游产业也同时受到较大负面影响，尤其是俄亥俄州、密歇根州和宾夕法尼亚州。相较而言，印第安纳州在232钢铝关税的保护下获益较大。

四、钢铝 232 关税及排除措施对中国相关产业的影响

（一）铝产品232关税及排除措施对中国相关产业的影响

美国对进口铝产品加征10%的232关税自2018年3月23日正式实施以来，中国输美铝产品已大幅下降。中国输美相关铝产品由2017年的25.2亿

---

[1] 赵磊.浅议美国232关税的影响[J].冶金管理，2018（4）.

美元下降至 2020 年的 11.9 亿美元，下降了 52.8%；美国对中国铝产品的进口依赖度由 2017 年的 13.1% 下降至 2020 年的 8.5%。

美国铝产品 232 关税对中国铝业的生产总量和出口总量影响较小。中国仍然是全球最大的铝生产国，且出口铝产品对美国的市场依赖度也较低。早在 232 关税之前，美国就已经使用"双反"等贸易救济措施，致使中国输美铝产品大幅下降。以铝箔为例，出口额从 2017 年 1 月的 4570 万美元下降至 2018 年 1 月的 1890 万美元。彼得森国际经济研究所高级研究员 Chad Bow 指出，美国对铝业的贸易保护基本始于 2009 年，至 2017 年年底，有 15% 的进口铝产品被征收了反倾销税或反补贴税，而这些铝产品的"双反"调查无一例外都是针对中国的，中国输美铝产品已有 96% 被征收了特别关税。[1]

另外，中国应警惕 232 关税对国内铝业转型升级的负面影响。美国加征 232 关税的铝产品，主要涉及 8 类产品：（1）未锻轧铝；（2）铝条、杆、型材及异型材；（3）铝丝；（4）铝板、片、带；（5）铝箔；（6）铝管；（7）铝制管子附件；（8）铝铸件和锻件。其中，未锻轧铝是高耗能、高污染和低附加值产品，属于铝工业的初级产品，是生产其他 7 种产品的原料。美国 232 铝产品的贸易逆差主要来自未锻轧铝，美国之所以过度依赖进口未锻轧铝是由其产业结构转型升级造成的。[2]其他 7 种半成品铝产品，甚至整体处于贸易顺差状态，但仍然被施加了 232 关税，因此需警惕这一关税措施对中国铝业转型升级的影响。

（二）钢铁产品232关税及排除措施对中国相关产业的影响

美国对进口钢铁产品加征 25% 的 232 关税自 2018 年 3 月 23 日正式实施以来，中国输美钢铁产品不断下降。中国输美相关钢铁产品由 2017 年的 10.7 亿美元下降至 2020 年的 5.4 亿美元，下降了 49.5%；而美国对中国钢铁产品进口依赖度几乎没有变化，由 2017 年的 3.5% 小幅下降至 2020 年的 3.1%。

[1]Bown. P. Chad. Trump's Steel and Aluminum Tariffs Are Counterproductive: Here are 5 More Things You Need to Know. Peterson Institute for International Economics，March 7，2018.

[2]王婉君，陈伟强，汤林杉等.美国征收铝产品关税的潜在影响及对策[J].资源科学，2018（7）.

美国232关税对中国钢铁产品出口总量的影响相对较小，这是因为中国出口钢铁产品对美国的市场依赖度相对较低。根据世界钢铁协会的数据，2017年，中国出口北美自贸区的钢材只占中国出口钢材总量的3.3%；亚洲国家才是中国钢材最大的出口目的国，占中国钢材出口总量的近60%。早在232关税之前，中国出口钢铁产品就已经遭受了美国贸易保护措施的一系列打击，自2008年全球金融危机暴发以来，中国输美钢铁产品数量就不断下降。而此前美国曾大量进口中国钢材，2006年进口中国钢材约540万吨，占到美国进口总额的12.6%。数十年来，美国钢铁行业一直是贸易保护的最大受益者。Bown研究显示截至2017年年底，美国超过60%的进口钢材都受到关税影响，这些特殊限制措施约覆盖了94%的从中国进口的钢材。[1]

中国钢铁产量几乎未受影响，根据世界钢铁协会的数据，中国的粗钢产量由2017年的8.3亿吨上升至2020年的10.6亿吨，占世界粗钢产量的份额由2017年的49.1%上升至2020年的56.4%。

---

[1]Bown. P. Chad. US Steel is Already Highly Protected from Imports. Peterson Institute for International Economics，March 15，2018.

第七章

美国钢铝232关税及排除措施的
政治经济学分析

半个世纪以来，钢铁行业是美国最常得到贸易保护的行业之一，这与钢铁行业的政治影响力密不可分，美国也为此付出了高昂的经济代价。关税排除措施作为美国钢铝232关税的"后门"，其设置正是为了在不得罪钢铁利益集团的前提下，缓解钢铝关税对下游企业的负面经济影响。然而，钢铝关税排除措施的决策过程也包含了相当程度的政治因素。本章基于美国钢铝232关税排除申请及审批数据，对排除决策过程中的可能政治因素进行了分析和检验。研究结果显示，位于中期选举摇摆州的企业在选举前申请获批的可能性大于选举后，其中参议院摇摆州内的企业相较于其他企业更有可能获得批准，且这一优势在中期选举之后进一步扩大。在关税政策覆盖的国家中，与美国关系越密切的国家生产的产品得到排除的可能性越高。同时，企业的游说活动显著提高了其申请获批的概率，更多的政治捐款还会进一步提升后续游说的效率。

一、引言

美国钢铁行业伴随着第二次工业革命迅速崛起，并在第二次世界大战后达到了顶峰，1945年美国生产了世界上67%的生铁和72%的钢铁。其后，美国钢铁行业在产量上的全球领先优势逐步减弱并最终被逆转，日本、欧洲、中国等国家或地区先后成为了美国钢铁行业的主要竞争对手。从20世纪60年代末至今，钢铁行业成为美国最常得到贸易保护的行业之一，堪称贸易保护措施的"万花筒"。1968—2020年，美国钢铁行业得到过各种类型的贸易保护，如反倾销税（AD）、反补贴税（CVD）、自愿出口限制（VERs）、触发价格机制（TPM）、保障措施关税（Safeguard duty）以及国家安全关税（Section 232）等。

根据彼得森国际经济研究所（PIIE）的测算，1990—2019年，各种贸易保护措施使得美国国内钢铁价格平均上涨约4.8%，30年间美国国内钢铁产量累计26.8亿吨，按照2019年进口价格每吨932美元计算，贸易保护已使美国经济损失 1200 亿美元，超过了目前所有上市美国钢铁公司的市值总和（不到 1000 亿美元）。[①]而正如本书第六章中指出的，钢铝 232 关税的经济账显然也是得不偿失的。美国消费者和企业将为特朗普的钢铝 232 关税所拯救的每一个工作岗位每年支付超过 90 万美元的费用。此外，钢铝 232 关税带来的价格上升还会削减下游行业的产出和就业。Francois 等人的研究表明，钢铝 232 关税可能使其他行业的就业岗位减少 43.3 万个，而钢铁行业的就业岗位在 2018—2020 年只增加了 2.6 万个。[②]

　　显然，对美国钢铁行业长达半个世纪之久的贸易保护与钢铁行业的政治影响力密不可分。Moore 指出美国钢铁行业的政治影响力来自两个方面：一方面是垂直一体化的碳钢生产商、钢铁工人工会和来自钢铁生产地区的国会议员组成了极具凝聚力的联盟。这个"钢铁三角"的凝聚力来自于传统一体化炼钢的技术和市场结构，比如大规模生产带来的规模经济，工厂的地理集中，以及传统钢铁行业所雇用的资本和劳动力的相对不流动。这些因素结合在一起，形成了一个由少数公司组成的行业，工人拥有强烈的动机来保护他们的工作，政治家所代表的地区完全依赖钢铁业。另一方面是反对保护钢铁业的国内利益集团，特别是使用钢铁的制造业，相对缺乏凝聚力。这些制造业高度多样化，除使用钢铁作为投入之外，几乎没有什么共同点。[③]而此次的钢铝 232 关税也充分体现了这一点，尽管在经济上失败了，但是其政治收益是显著的，几个钢铝生产大州同时是政治摇摆州的事实，使得特朗普政府执意要加征该关税，也使拜登政府不敢轻易取消 232 关税。

　　关税排除措施作为美国钢铝 232 关税的"后门"，其设置恰恰是为了在不得罪钢铁利益集团的前提下，缓解钢铝关税对下游企业的负面经济影响。

　　① Hufbauer G C，Jung E. Scoring 50 years of US industrial policy，1970–2020[R]. Peterson Institute for International Economics，2021 November.

　　② Francois J，Baughman L，Anthony D. The Estimated Impacts of Tariffs on Steel and Aluminum[J]. Trade Partnership Worldwide Policy Briefs，2018.

　　③ Moore M O. The rise and fall of big steel's influence on US trade policy[M]. The political economy of trade protection. University of Chicago Press，1996.

但在这样一个政治影响与贸易保护频繁互动的行业，钢铝232关税排除措施的决策过程是否也包含了政治因素？如果是，排除决策又是如何受到政治因素影响的？本章基于美国商务部2018年4月至2020年4月期间的钢铝232关税排除申请及审批数据，以现有理论为依据，检验了排除决策中的政治因素，如选举利益、国际关系以及企业游说活动。研究结果显示，位于中期选举摇摆州的企业在选举前申请获批的可能性大于选举后，其中参议院摇摆州内的企业相较于其他企业更有可能获得批准，且这一优势在中期选举之后进一步扩大。在关税政策覆盖的国家中，与美国关系越密切的国家，其生产的产品得到豁免的可能性就越高。同时，企业的游说活动显著提高了其申请获批的概率，更多的政治捐款还会进一步提升后续游说的效率。

二、美国钢铝 232 关税排除决策的影响因素分析

进口关税是贸易战的关键组成部分，特别是在特朗普就任美国总统后，关税战成为美国对外经济战略的支柱之一。借口美国在贸易中受到不公平对待，自2018年1月开始，特朗普政府先后对进口太阳能板和洗衣机以及韩国卡车加征关税；启动301调查并制定中国产品清单，以对其加征进口关税；同时对进口钢铝产品加征关税，将诸多传统盟友列为贸易战的对象。这种关税武器本应以维护美国国家利益、削弱对手为准绳，但一系列影响因素在实施过程中扭曲着美国关税决策的执行，可能使关税政策被其他政治因素或大企业裹挟，损害了其最终的战略效果。

关税作为贸易保护政策首先会使与美国贸易的国家受损。仅就依赖美国市场的英国而言，关税估计使英国一年损失8.51亿美元。[①]而受到贸易战影响的不仅有产品原产国与企业，依赖进口产品的美国境内企业也因关税备受损失，因此他们会在政策允许的框架下寻求关税排除。美国境内的企业可以

---

① Simone Salotti; Paola Rocchi; Jose Manuel Rueda-Cantuche and Inaki Arto, 2019. "Macroeconomic effects of US tariff on steel and aluminum: who would pay the bill?", JRC Working Papers JRC112036, Joint Research Centre（Seville site）.

通过证实该企业需要进口的某项产品不会对美国国家安全造成威胁，且美国境内没有替代性供应商[①]，来申请对该项产品的关税排除。[②]而美国政府在审批相应的排除申请时，很难完全遵照上述规定作出决策；反之，其排除决策往往受到很多政治因素的影响，主要是基于选举与国际关系的考量。

（一）选举利益

从选举视角来看，特朗普发动关税战的原因之一便是其对于竞选承诺的兑现与争取连任的砝码[③]，企业内部员工的选民身份及其本身对当地经济的辐射效应决定了企业的效益在很大程度上影响着当地选民的投票倾向。关税审批的决策权掌握在美国商务部手中，作为行政部门总领和内阁成员，商务部长由总统特朗普任命[④]，故而美国商务部与总统和执政党的利益是高度一致的。因此，美国政府在关税排除审批中不会作出不利于执政党竞选利益的决策，特别是在 2018 年 11 月即将举行参众两院中期选举的情况下。基于两党议员的席位分布和民调结果，美国政府内外均意识到民主党人在中期选举后掌控众议院多数席位的可能性[⑤]，以及由在野党控制的众议院可能为现任

---

① 美国商务部的规定，参见 https://www.bis.doc.gov/index.php/232-steel。

② 根据美国商务部的规定，在排除申请被公示之后，同一产业内的其他企业可依据对排除原因的质疑而在接下来的 30 天内提出反对意见，申请方可以在接下来的 7 天内驳斥这一反对意见，其他企业则可以在后续的 7 天内进行再驳斥。参见 Christine McDaniel 和 Danielle Parks，"Tariff Exclusion Requests: A One-Year Update"，The Bridge，https://www.mercatus.org/bridge/commentary/tariff-exclusion-requests-one-year-update。

③ 宋湘燕，赵亚琪.美国关税政策的理论误区与现实目的[J].清华金融评论，2020，1：97-101. A. Cooper Drury. Sanctions as coercive diplomacy: The U.S. president's decision to initiate economic sanctions [J]. Political Research Quarterly，2001，54：485-508; Whang, Taehee. Playing to the home crowd? Symbolic use of economic sanctions in the United States [J]. International Studies Quarterly，2011，55：787-801. 李巍与赵莉的研究指出，各州的产业分布也是决定其选举立场的重要因素，但钢铝关税政策涉及的企业全部属于钢铁产业，故而它们的地区分布不涉及产业立场的差异，各州在选举中的关键程度反而是更有影响力的区别。参见李巍，赵莉.产业地理与贸易决策——理解中美贸易战的微观逻辑[J].世界经济与政治，2020（2）：87-122.

④ 依据《美国法典》第三卷第 301 条的规定，政府官员由总统任命。所以总统掌握着行政人员的政治前途，也直接左右着制裁决策的过程与内容。

⑤ The Economist，"Introducing our prediction model for America's mid-term elections"，https://www.economist.com/graphic-detail/2018/05/24/introducing-our-prediction-model-for-americas-mid-term-elections。

政府带来的麻烦，包括加速对总统特朗普的弹劾等。[1]与此同时，掌握住共和党在参议院中的多数席位对于美国政府而言更为重要，特朗普甚至在竞选的最后阶段亲自到几个参议院席位的关键州奔走，使多数在总统大选中强烈支持特朗普的州在中期选举中也投向了共和党。[2]特朗普政府不仅要在短期内争取中期选举的胜利，也要为两年后的总统大选做准备，因此中期选举和总统大选中的摇摆州均为特朗普政府争取的关键，这些摇摆州内的企业也应是美国政府讨好的对象。[3]因此，对于企业的排除审批而言：

假设1a：在其他因素保持不变的情况下，中期选举和大选摇摆州内的企业，其关税排除申请更可能获得批准。

然而随着中期选举的结束，中期选举摇摆州对于特朗普政府的重要性便有所下降，因此从时间角度看，中期选举的摇摆州在选举前更具有被美国政府讨好的需要。

假设1b：在其他因素保持不变的情况下，中期选举摇摆州内的企业申请获批的概率在中期选举之前高于选举之后。

由于两党在参众两院的选举前景和选举结果有所区别，其各自摇摆州内的企业受中期选举的影响也有不同。在已经认识到即将失去众议院控制权的情况下，美国政府可能将更多的资源投入到保住参议院控制权的目标中，进而更加倾向于讨好参议院摇摆州，包括当地的企业。在中期选举结束之后，参众两院摇摆州内企业将承受中期选举结果带来的后果。对于帮助执政党保住参议院控制权的州而言，共和党政府更有可能在获胜之后对其加以奖励，为当地企业的排除申请提供更多的批准决议。而导致民主党获得众议院控制权的摇摆州对于共和党政府的重要性明显下降，因此在中期选举后，众议院

---

① CNN，"Trump allies worry that losing the House means impeachment"，https://edition.cnn.com/2017/10/16/politics/democrats-house-midterm-elections/index.html.

② BBC 中文，"美国中期选举的五大关键点"，https://www.bbc.com/zhongwen/simp/world-46135434.

③ 研究显示，在钢铝关税的排除审批当中，在2016年总统竞选中强烈支持特朗普的州，其内部企业获批的概率显著高于其他地区的企业。参见 Wongi Kim and YeoJoon Yoon, Trump tariffs and firm relief: winners and losers from the steel tariff exclusion request, Applied Economic Letters。

摇摆州内企业申请获批的概率可能进一步降低。

假设 1c：在其他因素保持不变的情况下，参议院摇摆州内的企业申请获批的概率高于众议院摇摆州内的企业。

假设 1d：在其他因素保持不变的情况下，参议院摇摆州内的企业申请获批的概率在中期选举之后高于选举之前，而众议院摇摆州内企业申请获批的概率在中期选举之后低于选举之前。

（二）国际关系

国际关系对审批结果的影响则更为直观。关税战与其他经济制裁手段的核心目的便是迫使目标国进行行为调整，因此政策本身即包含着国际关系考量。例如，在国际关系中威胁美国利益的国家会被列为制裁对象；[1]须杜绝第三国对制裁对象国的援助[2]；盟友关系与国际合作制度有助于降低制裁必要性[3]等。因此，排除申请中包含的企业信息与产品信息也有可能影响排除决策。一方面，提出申请的企业不仅有美国企业，还有外国企业在美国境内的分公司，它们同样受到美国进口关税的影响。而这些分公司的母国或所属国与美国的关系则决定着这些分公司是否代表着美国盟友或对手的利益。这些企业的所属国与美国政府关系越密切，决策者越有可能顾惜这些企业及其母国的利益而予以批准；反之，则对威胁美国利益的国家的企业提高申请难度。

---

① James Lindsay. Trade Sanctions as Policy Instruments: A Re-Examination[J]. International Studies Quarterly，1986，30（2）：155. 阎梁. 中国对外经济制裁：目标与政策议题[J]. 外交评论，2012（6）：21.

② 关于制裁目标国应付和转嫁经济制裁能力的论述，详见杨祥银. 国际政治中的经济制裁政策还能走多远——从冷战后的经济制裁走向谈起[J]. 世界经济与政治，2001（5）：58. 关于第三国的干预对经济制裁影响的论述，参见 Gary C. Hufbauer，Jeffery J. Schott，and Kimberly A. Elliott，Economic Sanctions Reconsidered: History and Current Policy，2nd edition. Washington，DC: Institute for International Economics，1990。相关实证检验与讨论可参考 Brian Early. Unmasking the Black Knights: Sanctions Busters and Their Effects on the Success of Economic Sanctions [J]. Foreign Policy Analysis，2011，7（4）：381-402.

③ 同盟关系和友好的双边关系会减少经济制裁在两国之间发生的可能性。有关研究参见 Daniel W. Drezner，The sanctions paradox: Economic statecraft and international relations. Cambridge [D]. UK: Cambridge University Press，1999.

假设2a：在其他因素保持不变的情况下，所属国与美国关系越密切的企业，其关税排除申请越可能获得批准。

产品的原产国是关税的直接针对对象：无论是对华商品关税还是钢铝关税，划分某项产品是否符合加征关税要求的标准均为其原产国。在产品原产国已经处于关税征收范围的基础上，原产国与美国政府的关系也有可能影响相关申请的获批可能。因为每一项获批的关税排除申请都代表着原产国及其企业的获利，也影响着美国的战略所得。以钢铝关税为例，虽然均为关税的加征对象，中国、英国与瑞典对于美国的战略价值则各不相同。在中美面临贸易脱钩危机的情况下，对原产自中国的钢铝产品实行关税排除显然不符合美国的利益；相反，英国作为美国的传统盟友则拥有更广泛的共同利益。因此相较于中国产品，原产自英国的钢铝产品更有可能获得关税排除。而瑞典既非典型的美国盟友也非对手，代表一种相对中立的贸易关系。如果国际关系影响排除审批，以瑞典为代表的"中立国家"获批的概率可能处于以上两者之间。

假设2b：在其他因素保持不变的情况下，产品原产国与美国的关系越密切，其申请越可能获得批准。

（三）企业游说

除去政府的政治考虑，美国企业也在积极地试图通过对政府的游说活动影响关税排除审批的结果。特别是根据美国的制度安排，其关税政策的制定与执行过程中存在三种排除机制，而其中均存在企业进行公关的空间。

第一种排除机制是政策正式颁布前的听证会供企业进行公开申辩。为了使政策最大化地满足相关方的利益需求，美国政府内的决策部门会就有关政策举办听证会来收集意见，而企业可以借此机会提交证据、表达诉求，从而争取使政策更加符合自身利益的需要。如2019年6月17日，大量美国服装业与电子产品企业在USTR的听证会上表示，对中国产品增加的25%关税会提高它们的生产成本，向他国转移生产线造成的损失也会转嫁到美国消费者身上。①第二种排除机制则相对隐蔽，主要涉及企业通过私下的游说活动改变决策者的意见和决策内容。如苹果公司总裁蒂姆·库克通过出席宴会或私下会面的方式增加与特朗普交谈的机会，从而说服特朗普一度延迟了对部分中国生产的苹果产品加征关税的时间。②第三种排除机制则是关税政策在颁布之后企业向有关部门提出关税排除的申请。关税排除申请工作由 USTR 负责，各种申请的审批结果会在商务部的网站上予以公示，但否决决议中不列出申请被拒绝的理由。

以上三种排除机制在理论上的运作逻辑类似，均为受关税政策影响的企业通过公开或私下的沟通，令政客了解到某项产品在美国境内的不可替代性及其对美国利益的无害性，从而在不伤害美国国家安全利益的前提下减少美国企业和民众的经济与福利损失。但在实际的运作过程中，三种排除机制均不可避免地受到相关企业游说活动的影响，即企业通过向政客进行政治捐款、雇用说客进行游说，或者私下与政客搭建私人关系等行为与之建立关系，从而影响决策内容。

（1）政治捐款。政治捐款指对各种组织和个人为美国各种竞选活动提供的专项资金。美国法律禁止美国企业、外国企业和美国的劳工组织、国家银行、联邦政府的服务承包商直接进行政治捐款或以他人名义捐款，但美国企业可以在特殊情况下通过政治行动委员会（PAC）进行捐款③或者以个人名

---

① Reuters，"US firms say China tariffs will raise costs, see few sourcing alternatives"，https://www.cnbc.com/2019/06/18/us-firms-say-china-tariffs-will-raise-costs-few-alternative-sources.html.

② The Washington Post，"Trump's tariffs won't bite Apple, illustrating Tim Cook's political sway"，https://www.washingtonpost.com/technology/2018/09/18/trumps-tariffs-wont-bite-apple-illustrating-tim-cooks-political-sway/.

③ 此规定同样适用于美国的劳工组织和国家银行等，但外国企业在任何情况下均不可捐款。详情参见https://www.fec.gov/help-candidates-and-committees/candidate-taking-receipts/who-can-and-cant-contribute/。虽然外国企业被禁止涉足政治捐款，但法律和监管中存在的漏洞使外国企业可以通过匿名的银行账户、空壳公司（shell corporations）或幌子公司（front companies）等"擦边球"的方式为政客竞选提供资金支持。如俄罗斯方面涉嫌为特朗普竞选提供资金的争议，参见Center for American Progress，"Following the Money: Trump and Russia-Linked Transactions From the Campaign to the Presidential Inauguration"，https://www.americanprogress.org/issues/democracy/reports/2018/12/17/464235/following-the-money/。

义捐款。企业经由政治捐款与政客搭建的关系最为直接和紧密，有利于政客上任后的长期政策回报。例如前美国内政部长 Ryan Zinke 在任职蒙大拿州众议员时收到了来自石油行业的大量捐款，在他进入特朗普政府内阁之后也积极划分联邦土地用作石油和矿业的开发。[1]

（2）游说活动。雇用游说公司向政客进行游说是企业普遍采取的公关手段，因为游说公司具有更专业的游说技巧和更丰富的游说路径，尤其是拥有大量人脉资源的旋转门说客。游说公司在企业和政客之间搭建沟通的桥梁，系统性地向政客提供政策建议和依据，从中传递雇主的利益诉求。例如游说公司 Kasowitz Benson Torres 与 Hogan Lovells 通过政治捐款与国会议员建立了密切的联系，使这些高级参议员经常出入于这些公司组织的聚会中，同席的说客则有机会为包括中兴科技在内的雇主进行游说活动。[2]由于美国法律对游说行为的资金来源与数量不作限制，对游说资金的使用规定也更加灵活，因此游说公司是外国企业公关美国政府的首选。

（3）私人关系。与前两种手段相比，与政客建立私人关系的过程更加隐秘，对企业的准入门槛也相对更高：并非所有企业都有与政客搭建私人关系的途径与能力，相应活动的违法风险也更高，因此政客对于此类活动也持更加谨慎的态度。如上任后的美国总统常将自身资产进行保密委托（blind trust）以规避资金交易影响政治决策的嫌疑，而特朗普则因直接受益于特朗普集团而无法避免与外国交易对其外交政策的影响，甚至一度被控违宪。[3]

企业通过各种公关手段与政客搭建的关系往往能转化为其获得排除的有利条件。对于听证会而言，由于准备时间有限或是对证词内容的需要，组织者通常会邀请熟识或信任的企业出席或作证，使得这些企业有更多机会向决

① The New York Times, "Ryan Zinke Is Opening Up Public Lands. Just Not at Home", https://www.nytimes.com/2018/04/16/us/ryan-zinke-montana.html.

② The New York Times, "Faced With Crippling Sanctions, ZTE Loaded Up on Lobbyists", https://www.nytimes.com/2018/08/01/us/politics/zte-sanctions-lobbying.html.

③ The New York Times, "Trump Still Makes Money From His Properties. Is This Constitutional?", https://www.nytimes.com/interactive/2018/12/17/us/politics/trump-emoluments-money.html.

策者传递自身的利益诉求。而排除申请的形式，特别是作为审批方的美国商务部无须对决策结果作出解释的情况也导致部分与政府关系密切的企业更有可能获得批准。因此，本书认为关税排除审批难以摆脱企业游说活动的影响。

假设 3a：在其他因素保持不变的情况下，游说活动更积极的企业，其关税排除申请更可能获得批准。

在企业的两种游说活动——游说与政治捐款——之间也存在密切的联系。研究表明政治捐款搭建的桥梁影响着之后游说活动的效率，例如政治捐款为企业提供了接触政客的契机、捐款的数量可能决定政客愿意会见说客的时长等。[①]因此政治捐款也可能导致企业通过游说花费获得更多排除申请获批的机会。需要指出的是，关于政治捐款的研究主要集中于依赖选举的国会议员，但掌握关税排除审批权的是由总统任命和管理的商务部，其中的工作人员不需要选举就任。然而作为联邦行政部门，美国商务部与总统的密切关系决定了其决议在很大程度上是对总统意志的执行，因此企业在大选中对总统的政治捐款可能影响总统个人的偏好，进而影响商务部的审批结果。

假设 3b：在其他因素保持不变的情况下，为总统竞选提供更多政治捐款的企业，其游说活动对关税排除申请的促进作用更加显著。

以上几组可能影响审批结果的变量之间并非彼此独立，而是共同发挥作用，可相互视为控制变量。此外，本章还加入了两个可能同时影响以上各变量的因素。一为企业规模：规模大的企业一方面拥有更多的财力与渠

---

① Laura Langbein. Money and Access: Some Empirical Evidence[J]. Journal of Politics，1986，48: 1052-1062. 其他讨论游说与政治捐款的代表性研究还有 John Wright. Contributions，Lobbying，and Committee Voting in the U.S. House of Representatives[J]. The American Political Science Review，1990，84（2）：417-438. Austen-Smith，David. "Campaign Contributions and Access." Political Economy Research Group. Papers in Political Economy，59. London，ON: Department of Economics，University of Western Ontario（1995）；Kevin B. Grier，Michael C. Munger，Brian E. Roberts. The Determinants of Industry Political Activity，1978-1986 [J]. The American Political Science Review，1994，88（4）：911-926.

道完成對政客的公關，進而對相關決策具有更強的影響力，也更有可能通過游說活動提高申請獲批的概率。[1]另一方面，大規模的企業具有數量更大的員工，對當地就業和稅收的影響力也更大，導致其收益對當地選情的重要性顯著提高。[2]類似地，企業規模的擴大也往往意味著交易量的提高，該企業的申請能否獲批對企業所屬國或產品原產國而言均為可觀的經濟損益，故而由這類企業發出的申請更有可能引起審批部門對於國際關係的戰略考量。[3]由此，可以看出企業規模與各組變量的交叉作用及其在審批結果中的重要影響。另一因素為申請與審批的時間：一項政策在頒布之初往往執行起來更加嚴格，而後隨著時間的流逝、議事日程的調整和國際政治經濟格局的變化，有關部門對該政策的執行力度可能會有所改變，審批結果的分布也有可能發生變化。

三、美國鋼鋁 232 關稅排除決策影響因素的定量檢驗

前文提到的各種影響因素的作用均可能使美國關稅決策受到特定利益集團和政治因素的裹挾，從而導致最終的關稅政策無法最大化地實現美國的國家利益與改善美國貿易環境的目標。換言之，美國商務部對排除申請的審批決策可能不是因為某產品在美國無法替代或對美國利益完全無害，而是基於

---

① Gene M Grossman, Elhanan Helpman. Protection for Sale [J]. American Economic Review, 1994, 84（4）：833-850; Matilde Bombardini. Firm heterogeneity and lobby participation [J]. Journal of International Economics, 2008, 75（2）：329-348; Stephen P Magee, William A Brock, Leslie Young. Black hole tariffs and endogenous policy theory: Political economy in general equilibrium [M].Cambridge; New York and Melbourne: Cambridge University Press, 1989; Pinelopi Koujianou Goldberg, Giovanni Maggi. Protection for Sale: An Empirical Investigation [J]. American Economic Review, 1999, 89（5）：1135-1155; Marick F. Masters, Gerald D. Keim. Determinants of PAC Participation Among Large Corporations [J]. The Journal of Politics, 1985, 47（4）：1158-1173.

② Winslow Wheeler. Wastrels of Defense: How Congress Sabotages U.S. Security [M]. Annapolis：MD, Naval Institute Press, 2004.

③ 選擇性制裁理論認為，與目標國核心統治集團接近的群體擁有更多的渠道和能力游說本國政府對政策進行調整，因此以這些群體為目標的、針對性的經濟制裁應是最有效的。參見T. Clifton Morgan, Valerie L. Schwebach. Fools suffer gladly: The use of economic sanctions in international crises [J]. International Studies Quarterly, 1997, 41（1）, 27-50.

申请中所包含的国际关系以及企业对选情的影响、申请企业的游说活动等因素。由于商务部的审批决策不包括决策原因，并且是否"符合美国利益"等标准本身具有较大的主观性，本章难以直接检验审批决策的依据是否完全符合排除政策的理论标准。因而这里采取相对间接的方法，以美国钢铝232关税排除决策为研究对象，测量上述可能扭曲决策的影响因素是否在其中发挥了显著作用。

（一）计量模型与数据

美国时间2018年3月8日，特朗普基于《贸易扩展法》（Trade Expansion Act）中第232条规定的总统更改贸易关税的权力，通过签署行政令向除加拿大和墨西哥以外所有国家的进口钢和铝分别征收25%和10%的关税。[①]在美国海关及边境保卫局自3月23日开始执行此项关税政策之前，美国商务部在3月19日开始正式接受有关企业对关税排除的申请。[②]

本章使用的主要数据来自美国商务部于2018年4月至2020年4月公布的钢铝关税排除申请的审批结果[③]，共计68248条记录，涉及976家企业。该数据包含申请的信息，如提交申请的时间、审批结果，以及公布审批结果的时间；发出申请的企业信息，如企业及其母公司的名称、所在地、所属国等；要求得到关税排除的产品信息，如该产品的原产国、申请排除的产品名称和具体数量等。因变量是美国商务部对企业关于钢铝关税排除申请的审批结果 i_{jt}，即企业 i 在时间 t 就 j 国生产的产品向商务部提出关税排除申请的结果。当审批通过，即有关商品获得关税排除时，结果取值为1；当申请被否决，取值为0。

---

① 截至2020年1月，获得钢产品关税豁免的国家包括阿根廷、澳大利亚、巴西、加拿大、墨西哥和韩国。获得铝制品关税豁免的国家为阿根廷、澳大利亚、加拿大和墨西哥。

② 参见美国商务部的相关新闻发布 https://www.commerce.gov/news/press-releases/2018/03/us-department-commerce-announces-steel-and-aluminum-tariff-exclusion。

③ 数据来源：https://232app.azurewebsites.net/steelalum。

第一组自变量用于检测选举对审批结果的影响，即申请企业所处的州[①]是否处于关乎选举结果的摇摆州。由中期选举的摇摆州内企业所发出的申请，其摇摆州 i 取值为1，否则取值为0。为比较参众两院摇摆州的区别，本章根据美国选举网站Ballotpedia列举的中期选举信息，将中期选举摇摆州进一步分为参议院和众议院的摇摆州。当企业地处参议院的摇摆州时，参议院摇摆州 i 取值为1，否则取值为0[②]；众议院摇摆州 i 的赋值亦遵循同样的标准。图7.1显示美国中期选举的摇摆州分布情况：白色部分为非摇摆州，深灰色部分为众议院中期选举的摇摆州，浅灰色部分为参议院中期选举的摇摆州，斜线部分为参众两院共有的摇摆州。为了证明中期选举摇摆州与审批结果的因果关系，本章通过倍差法比较中期选举前后，摇摆州内的企业是否在排除审批结果上与其他州的企业存在显著区别。在中期选举（2018年11月）之前的申请，其中期选举时间 t 取值为1，之后的申请取值为0。通过构造中期选举时间 t 和摇摆州 i 的交叉项系数，本章检测中期选举摇摆州相对于非摇摆州（颜色州与白色州）在2018年11月前后的申请审批结果差距。类似地，本章构造中期选举时间 t 和参/众议院摇摆州 i 的交叉项，用以对比参/众议院摇摆州与其他州（浅灰/斜线或深灰/斜线州与其他州）在中期选举前后申请获批的概率。由于样本时间对于判定2020年总统选举摇摆州为时过早，本章根据2016年总统大选的结果划定两党选票接近的州[③]，因为这些州更有可能在下次大选中成为摇摆州。两党共在13个州获得相近选票，故而由这些州内的企业发出的申请在大选摇摆州 i 中取值为1，否则取值为0。

---

① 除去企业自身之外，其母公司的所在地是否处于摇摆州也可能影响审批的结果。但在现有的企业母公司中，国别属于美国的母公司大多处于摇摆州，而位于非摇摆州的母公司中绝大多数为外国企业。其中占比最小的是大选摇摆州，56%位于非摇摆州的母公司为外国企业；占比最大的是中期选举摇摆州，仅有5%位于非摇摆州的母公司为美国企业。鉴于母公司地域分布的集中性，本章不再讨论母公司地理位置对排除审批的影响。

② 由于众议院选举不是以州，而是以选区为单位，因此众议院中期选举的决定因素是摇摆选区。但囿于数据信息不足，本章仍以州为单位：若一州中存在至少一个摇摆选区，则该州被视为众议院的摇摆州。

③ 数据来源：https://www.270towin.com/maps/2016-election-very-close-states。

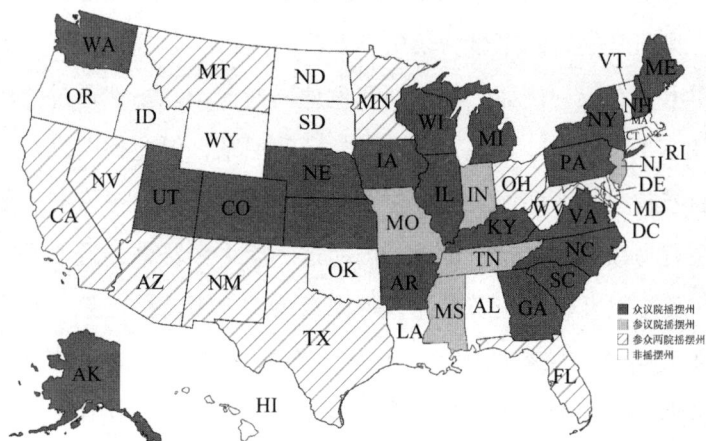

图 7.1　美国各州中期选举情况

第二组自变量用于检测国际关系对审批结果的影响。首先是企业母国与美国的关系：基于发出申请的企业或其母公司的所属国家与美国的关系，将其分为 5 组。所属国为美国的本土企业与其政府的关系最为密切，由它们发出的申请在所属国 i 一项取值为 5。在余下的外国企业中，与美国关系最亲近的伙伴经济体所拥有的企业发出的申请所属国 i 取值为 4，包括七国集团成员，以及与美国签有军事协定的经济大国或地区，包括澳大利亚、韩国、中国台湾、以色列、印度和土耳其。在学术研究中，指代与美国关系密切的客观指标主要是官方结成的同盟关系，即那些与美国签订双边或多边军事协定的国家或地区。[1] 然而这一严格标准并不适用于本章针对国际关系影响关税排除的讨论。在美国的话语体系中关于盟友有多种表述，如美国与以色列之间的密切伙伴关系等，但由于没有正式签订的军事协定，以色列并不属于美国的盟友。[2] 然而鉴于双方在诸多议题中的相互依赖与密切合作，仅因

---

[1] 参见布鲁金斯研究会的报告 Linsey Ford and James Goldgeier，"Who are America's allies and are they paying their fair share of defense?" 2019 年 12 月 17 日，https://www.brookings.edu/policy2020/votervital/who-are-americas-allies-and-are-they-paying-their-fair-share-of-defense/。

[2] Steven Simon，"Should the United States and Israel Make It Official?" Foreign Affairs，2019 年 12 月 20 日，https://foreignpolicy.com/2019/12/20/united-states-israel-allies-formal-defense-treaty-trump-netanyahu/。

缺乏正式盟友身份而推断美国不顾及以色列的贸易利益显然是不符合事实的。此外，美国所签署的军事协议中涉及许多小国，但它们囿于国力与美国的战略合作十分有限。例如洪都拉斯和危地马拉等小国虽然通过《里约热内卢条约》（Rio Treaty）与美国达成了军事互助关系，但此类国家对美国主要为单方面的依赖关系，即便双方存在贸易往来，美国政府也没有必要仅因同盟关系而在贸易领域对其有所优待。因而这一组中经济体的选取是权衡同盟身份、合作关系以及经济与贸易体量等因素后综合考虑的结果。其次是与美国存在较弱战略合作关系的国家和地区，在所属国 i 中取值为3。该组主要涵盖与美国拥有军事协定的小国，以及其他虽然没有军事协作关系，但于美国而言有重大战略价值的地区，如乌克兰和中国香港等。与美国关系属性最偏向敌对的对手国家取值为1，包括中国和俄罗斯。[1] 其余所有国家取值为2，代表与美国相对中性的关系。图7.2左半部显示各组别中的企业发出的申请数目：绝大多数发出排除申请的企业为美国本土企业，其次是美国核心伙伴（组4）的企业，组2与组3国家企业申请的数量规模相当，而中俄企业（组1）申请的数目最少。

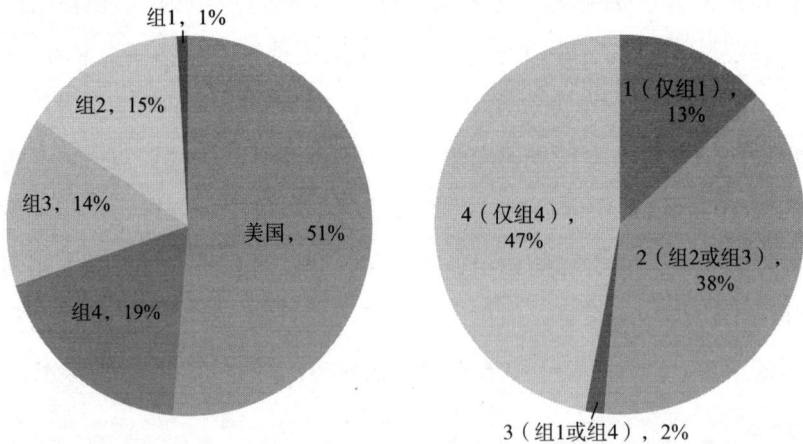

图7.2　申请企业的国别归属情况与申请产品的原产国情况

----

①　其他与美国关系较为敌对的国家，如伊朗、古巴或委内瑞拉等国，因为没有出现在钢铝关税数据中所以不予考虑。

另一种测量国际关系的自变量是排除申请所针对的产品的原产国 j。由于一项申请中涉及的产品同时由多个国家生产[①]，本章基于上述所属国的划分标准将产品原产国分为4组。首先为仅由美国核心伙伴生产的产品。当一项申请包含的5个原产国均为美国核心伙伴（组4）时，该申请在原产国 j 一项取值为4。其次为由美国核心伙伴与对手（组1）同时生产的产品。当一项申请包含的原产国既有组4的国家又有组1的国家时，其原产国 j 取值为3。若国际关系影响审批结果，对手参与供应对审批的消极影响可能会冲击伙伴国参与供应对审批的积极影响。接下来是既不包括组4也不包括组1的申请，即仅包括组2或组3的国家，取值为2。与所属国 i 类似，这种情况主要反映较为中性的国际关系。最后是仅由对手生产的产品申请，取值为1，此类产品的申请最有可能受到国际关系的消极影响。图7.2右半部显示4组国家供应产品的相关申请数目：近半数的申请产品仅由美国的核心伙伴生产，由组2或组3国家生产的产品居于次位，由中俄供应的产品申请约占13%，而由对手与核心伙伴同时供应的产品申请仅占总数的2%。

第三组自变量用于检测企业游说活动对审批结果的影响。企业游说活动的积极性主要由公关费用的数额测量，公开的、可观测的公关手段有游说费用与总统竞选捐款。游说费用分为申请的当年游说费用 it 和上年游说费用 $it-1$，而总统竞选捐款指2016年大选中企业通过PAC或个人为特朗普提供的竞选捐款 i 数量。这些数据来自美国政治捐献数据库（OpenSecrets）。控制变量之一的企业规模数据来自标普资本智商库（S&P Capital IQ），采用了各企业在2018—2020年发出申请时的当年年度总资产 i_t 和上年年度总资产 i_{t-1}（每百万美元）。由于各企业数据公开性不同，总资产数据主要来自其母公司的公开数据。为改善异方差问题，对企业资产值与公关费用取对数处理。由于公关费用在个别年份存在缺失值，因此在样本量方面有所减少。另一控制变量——审批时间 t 直接来自排除申请的公开数据。表7.1列举了主要变量的统计特征。

———————

[①] 在申请表上，企业最多可以选填5个产品原产国。

表7.1　主要变量的统计特征

变量	样本量	平均值	标准差	最小值	最大值
审批结果	68248	0.81	0.40	0	1
众议院摇摆	68248	0.73	0.44	0	1
参议院摇摆	68248	0.41	0.49	0	1
中期选举时间	68248	0.65	0.47	0	1
摇摆州	68248	0.97	0.16	0	1
大选摇摆	68248	0.17	0.37	0	1
原产国	68248	2.82	1.16	1	4
所属国	68248	4.05	1.15	1	5
当年总资产（ln）	25776	10.34	3.11	−1.69	19.31
当年游说花费（ln）	1055	69.77	27.93	13.16	165.32
上年游说花费（ln）	995	69.70	27.93	13.16	165.54
大选政治捐款（ln）	1133	5.24	1.95	1.10	10.41

注：统计值精确到小数点后两位。由于企业规模与游说活动来自其他数据源，合并过程
　　中损失了一部分企业的申请记录。

（二）计量结果

表7.2展示了4个logit模型及其回归结果。模型（1）（2）主要测量关于选举与国际关系等政治因素对豁免审批结果的影响，而模型（3）（4）主要针对企业的游说活动进行检测。模型（1）对企业是否处于中期选举摇摆州 i、是否处于参/众议院摇摆州 i，和它们与中期选举时间 t 的交互作用，以及企业所属国 i 和产品原产国 j 与美国关系 t 对审批结果影响的初步回归分析。模型（2）在模型（1）的基础上控制了申请企业的当年资产数 i。模型（3）（4）加入了申请企业的大选政治捐款 i、当年游说花费 i_t 和上年游说花费 i_{t-1} 等变量。由于与游说数据合并之后留下的企业有99.6%位于中期选举摇摆州，使摇摆州 i 一值在分布上几乎没有变化，因此在模型（3）（4）中仅讨论参众两院与大选摇摆州的影响。模型（4）在模型（3）的基础上加入了大选捐款与游说资金的交互项，用以考量政治捐款是否会提高企业游说的效率。

表7.2　选举、国际关系与企业公关对审批结果的影响

	（1）	（2）	（3）	（4）
中期选举时间	−0.0582	−2.772***	0.232	0.0418
	（0.132）	（0.577）	（0.492）	（0.521）
摇摆州	0.681***	−1.800***		
	（0.123）	（0.584）		
众议院摇摆	−0.441***	−0.243**	−1.215***	−0.496
	（0.0526）	（0.123）	（0.391）	（0.463）
参议院摇摆	−0.710***	0.266***	0.468	0.612*
	（0.0427）	（0.101）	（0.390）	（0.355）
大选摇摆	0.178***	−0.265***	−0.632	−0.158
	（0.0335）	（0.0532）	（0.401）	（0.437）
原产国	0.0884***	0.178***	−0.788***	0.303***
	（0.00920）	（0.0182）	（0.234）	（0.113）
所属国	−0.221***	−0.212***	0.503***	−0.664**
	（0.0103）	（0.0148）	（0.126）	（0.280）
时间	0.104***	0.0985***	0.230***	0.283***
	（0.00528）	（0.00284）	（0.0337）	（0.0376）
当年总资产		−0.0363***	−0.0840	0.355
		（0.00533）	（0.142）	（1.185）
大选捐款			−0.450***	0.355
			（0.0830）	（1.185）
当年游说资金			−0.767***	6.832***
			（0.290）	（1.248）
上年游说资金			1.051***	−6.011***
			（0.324）	（1.268）
中期选举时间 × 摇摆州	−0.517***	2.537***		
	（0.147）	（0.594）		
中期选举时间 × 参议院摇摆	0.516***	−0.271***		
	（0.0505）	（0.11）		
中期选举时间 × 众议院摇摆	0.135***	−0.454***		
	（0.0609）	（0.135）		
大选捐款 × 当年游说资金				−1.751***
				（0.292）
大选捐款 × 上年游说资金				1.695***
				（0.303）
样本量	68248	25776	970	970
Pseudo R²	0.14	0.12	0.42	0.46

注：括号中报告的是各系数估计值的稳健标准误差。*** $p<0.01$，** $p<0.05$，* $p<0.1$。

　　统计模型与结果验证了部分理论假设。假设1a预期中期选举摇摆州内的企业申请获批的概率高于非摇摆州内的企业。摇摆州一项虽然在模型（1）中获得了显著正系数，但在控制了企业规模的模型（2）中，系数变为负显著，表明相较于其他地区的企业，中期选举摇摆州内的企业申请获批的概率更低。大选摇摆州的系数也呈现出此种变化。故此，假设1a不成立。

　　假设1b的理论预期得到了支持性证据。模型（2）中摇摆州与中期选举时间得到的显著正系数（2.537，$p<0.01$）表明，位于中期选举摇摆州中的企业在中期选举之前（中期选举时间=1）的申请获批概率高于中期选举之后（中期选举时间=0）。此结果表明美国政府在中期选举之前对摇摆州内企业的申请具有更加友好的态度，支持了政府在为有利的选举结果讨好选举州的观点。

　　假设1c同样获得了支持。从模型（2）中参议院摇摆和众议院摇摆的单项系数可知，处于参议院摇摆州对申请企业申请的净效应为正，表明该企业的排除申请相较于其他企业显著（$p<0.01$）拥有更大获批的概率；处于众议院摇摆州对申请企业申请的净效应为负，表明该企业的排除申请相较于其他企业显著（$p<0.05$）更容易被拒绝。故而参议院摇摆州内企业比众议院摇摆州内企业更可能获得申请批准，支持了假设1c。而参议院摇摆州和众议院摇摆州与中期选举时间的交互项支持了假设1d的理论预期。参议院摇摆州与中期选举时间交叉项的负系数（−0.271，$p<0.01$）意味着当地企业申请获批的概率在中期选举之前低于中期选举之后，可以由美国政府在参议院选举获胜后的奖励行为来解释。按照同样的逻辑，众议院摇摆州与中期选举时间交叉项的系数（−0.454，$p<0.01$）表明众议院摇摆州内企业相对于其他企业的审批劣势在中期选举之前更明显。因此假设1d仅在参议院层面得到了部分支持。

　　假设2a与假设2b在4个模型中得到了一致的结果，原产国和所属国与美国关系影响的拟合边际效应在图7.3中展示。可以看到，与美国关系每加深一个层次，产品原产国对企业审批结果的促进作用显著（$p<0.01$）提高，

而企业所属国对审批结果的负面作用却在显著（*p*<0.01）加剧，尤其是美国企业比外国企业似乎更可能审批遭拒。这一结果支持了假设2b却否定了假设2a，表明在商务部的审批过程中，企业所属国的国际关系属性似乎并不是重要的考量指标。而原产国的属性更符合关税政策本身的实施标准与美国政府对于国际关系的考量，可以看到在关税政策划定征收对象之后，在排除审批的阶段美国政府还是更倾向于保护盟友与伙伴的利益，显著提高了由它们生产的产品获得排除的概率。

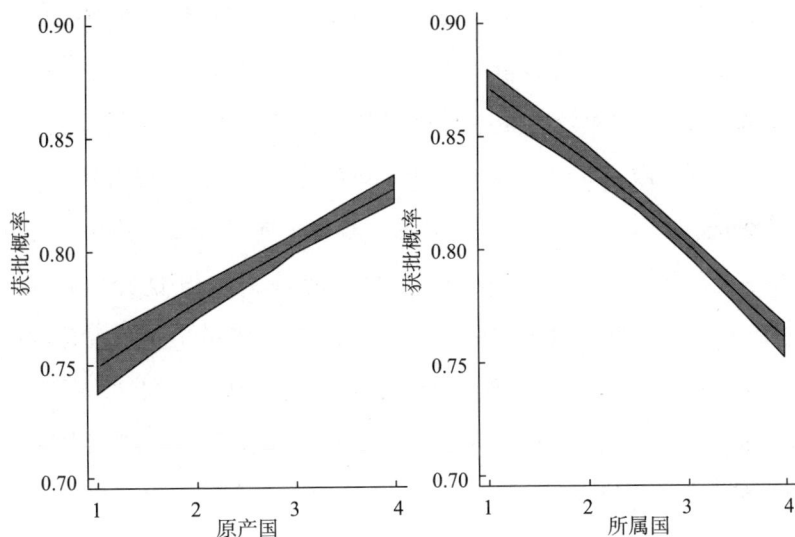

图7.3　拟合边际效应：原产国/所属国与美国关系

注：图中展示的结果基于模型（2）中的回归系数，置信区间为95%。

模型（3）（4）展示了企业游说活动对审批结果的影响，其中游说活动分别由政治捐款和游说活动测量。模型（3）的结果显示：企业在2006年大选中政治捐款和其在申请当年的游说花费对申请获批的影响显著为负（*p*<0.01），而上年游说花费的影响则为显著（*p*<0.01）促进作用。这表明企业在大选中的捐款没有为几年后的排除申请形成优势，而短期游说活动的功效则更加明显：上年游说花费更多的企业申请更有可能获得批复，而当年游说花费更多的企业却更可能申请遭拒。这一现象或许可以由游说活动与申请

的时间顺序解释：申请遭拒可能让企业认识到了游说的重要性，因此在申请遭拒之后加剧了游说投入，而这一部分游说投入被计算在申请当年的游说活动中，从而导致当年游说花费与审批结果呈负显著。反之，上年游说花费对审批结果的显著正向关系可以反映出企业过往公关投入对其排除申请的利好作用，部分支持了假设3a。

模型（4）中的游说花费与政治捐款的交互项系数支持了假设3b的理论预期。政治捐款与上年游说资金交互项系数为正，表明政治捐款显著（$p<0.01$）提高了上年游说花费的效率，使上年游说花费多的企业申请获批的可能性提高。该结果与假设4b一致。结合具体的系数值，可以得到上年游说花费对审批结果的净效应为零时政治捐款（ln）的临界值约为3.55。所以对于那些2006年政治捐款（ln）低于3.55的企业来说，上年游说花费影响审批结果的净效应为负，而那些政治捐款（ln）高于3.55的企业，其上年游说花费会相应提升其申请获批的概率。就政治捐款（ln）的分布而言，高于3.55的企业约占总样本量的85%，表明绝大多数企业的上年游说花费都提高了申请获批的概率，且这一影响会随捐款数量的提升而扩大。当年游说资金与政治捐款交互项系数为负，表明企业当年游说花费对申请获批的作用随其政治捐款数量的提升而显著（$p<0.01$）减弱。当年游说花费对审批结果的净效应为零时政治捐款（ln）的临界值约为3.9，表明对政治捐款（ln）高于3.9的企业而言，其当年游说花费越多，申请获批的概率越低。这类企业约占总样本量的48%，故而超过半数企业的申请获批概率随当年游说花费降低。

关于审批时间这一控制变量，几个模型给出了一致的结果。审批时间越靠后，审批结果为通过的可能性越大。这一方面表明随政策颁布的时间变长，其执行标准也在各种因素的影响下有所放松。另一方面，该结果也有助于理解中期选举时间在多数情况下呈现的负显著系数：中期选举前后对审批结果的影响可能受到线性时间影响的冲击和覆盖，导致中期选举后企业获批的概率高于中期选举之前。另一控制变量企业规模则在几个模型中呈现不同的结果。模型（2）的结果显示申请获批的企业规模显著更小（p<0.01），但在模型（3）（4）控制了企业公关花费之后，企业规模的系数失去了显著性。可见企业规模与其申请结果之间并不直接相关。

（三）稳健性检验

为了检验结果的稳健性，本章对样本和测量方式进行了调整。因为2020年的样本仅涉及 1—4 月，相应的企业总资产数也不是全年资产，因而与其他年份资产量有明显差距，可能会使结果产生偏差。因此，稳健性检测首先舍去了 2020 年的样本。与此同时，稳健性测试还将企业规模的测量方法由申请当年的总资产变为前一年总资产。主要原因在于前文中模型（3）（4）的结果显示企业上年的游说花费能更好地反映游说对审批结果的影响，相应地，企业上年资产数则与其上年花费更直接相关，因此能更好地控制企业规模与游说花费之间的关系。稳健性测试的系数方向与显著性同已有结果基本一致，见表7.3。

表7.3　选举、国际关系与企业公关对审批结果的影响：稳健性检验

	（1）	（2）	（3）	（4）
中期选举时间	−0.0720	−2.794***	0.204	−0.00806
	（0.132）	（0.578）	（0.496）	（0.534）
摇摆州	0.681***	−1.809***		
	（0.123）	（0.584）		
众议院摇摆	−0.442***	−0.242**	−1.241***	−0.523
	（0.0525）	（0.123）	（0.391）	（0.454）
参议院摇摆	−0.711***	0.267***	0.441	0.590*
	（0.0427）	（0.101）	（0.390）	（0.356）
大选摇摆	0.180***	−0.261***	−0.691*	−0.274
	（0.0336）	（0.0532）	（0.416）	（0.460）
原产国	0.0901***	0.177***	0.505***	0.299***
	（0.00921）	（0.0183）	（0.127）	（0.115）
所属国	−0.223***	−0.211***	−0.797***	−0.677**
	（0.0103）	（0.0148）	（0.233）	（0.284）
时间	0.146***	0.0971***	0.232***	0.290***
	（0.00191）	（0.00288）	（0.0341）	（0.0387）

续　表

	（1）	（2）	（3）	（4）
上年总资产		−0.0354***	−0.128	−0.353*
		（0.00534）	（0.147）	（0.208）
大选捐款			−0.457***	0.410
			（0.0853）	（1.147）
当年游说资金			−0.808***	7.002***
			（0.302）	（1.249）
上年游说资金			1.113***	−6.097***
			（0.340）	（1.234）
中期选举时间 × 摇摆州	−0.516***	2.551***		
	（0.147）	（0.594）		
中期选举时间 × 参议院摇摆	0.520***	−0.272***		
	（0.0505）	（0.110）		
中期选举时间 × 众议院摇摆	0.140***	−0.457***		
	（0.0609）	（0.135）		
大选捐款 × 当年游说资金				−1.803***
				（0.288）
大选捐款 × 上年游说资金				1.743***
				（0.297）
样本量	67335	25562	963	963
Pseudo R²	0.14	0.11	0.42	0.46

注：括号中报告的是各系数估计值的稳健标准误差。*** $p<0.01$，** $p<0.05$，* $p<0.1$。

四、小结

本章检测了若干可能扭曲关税排除决策的政治因素，包括作为审批方的美国政府面临的政治因素与申请方的企业对政府进行的游说活动。以美国钢铝232关税排除决策为例，本章发现选举利益与国际关系均对美国政府的审批决策具有一定影响。具体来说，申请企业处于中期选举摇摆州时，该企业在中期选举之前申请获批的概率高于中期选举之后。尤其参议院是执政党在中期选举中争取的重点，位于参议院摇摆州的企业比其他州企业的申请更可能获批，且这一概率执政党选举获胜后进一步提高。而众议院摇摆州内的企业则恰恰相反。从国际关系来看，原产自与美国关系更密切国家的产品，其排除申请获批的可能性更高，表明美国政府在经济制裁的同时也在一定程度上兼顾盟友与伙伴的利益。企业的游说活动亦有类似效果：其在总统大选中更多的政治捐款和过往更多的游说花费显著提高该企业申请获批的概率，并且政治捐款还会进一步提高游说活动的效率，使企业的游说投入能够更好地转化为关税排除的政策成果。

本研究尚存的许多不足：对于可能影响审批决策的因素未能做到全面的检验。例如，按照关税排除的官方标准，合理的关税排除应该基于某项产品在美国缺乏替代性供应商，并且该产品不会对美国国家安全造成威胁。若能对此标准加以检验，文章将能更有力地证明关税排除决策是否遭到扭曲。然而遗憾的是，由于相关统计资料缺乏，本章未能对此结果进行直接检测。此外，特朗普政府在钢铝 232 关税中还将其他企业的意见纳入审批过程，即初步审批结果在公示之后其他企业可以对决策提出反对意见并要求重审。这在客观上为掌握更多信息资源和话语权的大企业干预政府决策提供了更大的空间，使关税成为加剧分配不均的助力。因此，其他企业的反对意见也应是影响审批决策的因素之一。但同样，由于现有统计数据中缺乏相关记录，关于这一因素的检测只能留给未来研究进行。

第八章

各国对美钢铝反制关税的作用机制与潜在收益

随着中美大国博弈进入相持阶段，美国运用关税、出口管制、投资限制等手段，单边发起国际经济制裁已经成为常态。对于被制裁国来说，如何进行反制裁，最大限度捍卫本国权益，就成为一个亟待研究的问题。本章将国际经济反制裁作为一个独立概念，从理论上厘清其作用机制和潜在利弊，并以各国对美国钢铝反制关税为例，提供国际经济反制裁效果的经验证据。主要结论如下：第一，在全球产业链深度嵌入的背景下，任何经济制裁和反制裁措施能够彻底扭转目标国政策的可能性都大大降低，因此关注反制裁措施的潜在收益更加具有现实意义。第二，一定限度的经济反制裁是必要的，它将提高制裁发起国的政策成本，并在一定程度上降低被制裁国的经济损失。以美国发起的钢铝232关税为例，实施反制关税虽然无法迫使美国撤销针对该国的歧视性关税，但会提高该国企业在美国获得关税排除的概率。

一、引言

自拜登就任美国总统之后，前任政府对外大肆推广的关税与贸易战在一定程度上有所收缩，美国的全球经济政策也在逐步重返多边主义。然而，许多已经或正在实施的歧视性关税与贸易政策并没有被彻底撤销。例如美国与欧盟在2021年10月就解决钢铝关税争端达成协议，美方为有限数量的欧盟钢铝产品免除关税，欧盟暂停对美实施的反制关税。然而美国政府对诸多欧盟以外各国钢铝产品施加的关税政策依然有效，同样持续生效的还有欧盟之外的各国对美施加的反制关税，包括中国、俄罗斯、土耳其等。鉴于此，对于反制关税以及其他形式的经济反制裁研究依然具有重要价值。

现有关于经济反制裁的研究仍然处于起步阶段，主要侧重分析经济反制裁手段的经济与政治效果。对于反制关税的目标国（target）而言，学者们发现反制关税等手段有效降低了目标国相关产品的销量，减少了相关从业者的收入，使得目标国承受了经济损失。而这些经济损失降低了对在任政府的支持度，提高了决策者面临的政治压力。对于反制国而言，已有研究主要集中在施加经济反制裁为反制国带来的经济成本，却很少关注反制国及其企业从经济反制裁中获得的正向的经济收益。事实上，并不是只有固有制裁手段完全取消时，经济反制裁才算取得了正向的效果。相反，只要实施经济反制裁使有关国家和企业的经济损失有所下降，这一反制手段便已经取得了正向的、积极的经济收益。

本章首先对经济反制裁的概念进行梳理，通过将经济反制裁与主动制裁进行对比，整理出反制裁的若干特点，以及二者在运行机制上的异同。在此基础上，笔者以美国于2018年实施的232钢铝关税为例，检验了各国通过反制关税获得的经济收益情况。本章用美国商务部对申请关税排除的审批决策来测量有关企业的经济损益。通过对2018年4月—2020年4月颁布的、涉及976家企业的68248条审批决策进行分析，发现实施反制关税显著提高了该国企业获批关税排除的概率。与此同时，美国对反制国的贸易依存度以及反制关税涉及的金额也与关税排除的概率呈显著正相关。

本章将经济反制裁作为独立概念进行系统性的讨论，并有针对性地将其与主动制裁进行了理论化区分。国际经济反制裁在表现形式和作用机制方面呈现出的特点表明，即便与主动制裁遵循类似的运行逻辑，有关变量在制裁与反制裁中的作用也不尽相同。另外，本章在反制裁的作用机制中引入了若干决策层面的影响因素，决定着反制裁带来的经济与政治压力促使目标政府改变政策的效率。此外，针对美国钢铝关税的实证分析结果表明，中国政府以高成本实施的反制关税确实有助于提升在美企业的产品排除概率。美欧近期达成的协议进一步降低了美国面临的反制关税压力，232钢铝关税也因此可能长期存在下去。在这种情况下，反制关税或许成为中国在美的有关企业规避损失的主要途径，有关部门更加需要基于对反制裁效果的全面评估而合理制定反制关税的具体政策。

二、国际经济制裁与反制裁的作用机制

经济反制裁在全球贸易的历史中长期存在，尤其进口关税更是各国政府实施反制裁的主要手段，也是相关学者研究的重点领域。各个时期关于反制关税的研究分别选取了具有时代特点的分析角度。例如早期的学者侧重于计算在遭受报复的风险下，何种关税水平可以最大化本国的社会福利[①]；面对20世纪80年代末90年代初的多边贸易大潮，当时的学者开始关注关税保护和报复与经济全球化之间的矛盾。[②]而随着多边主义在近年来的式微，贸易保护与报复再次走入研究者的视野。尤其是特朗普在2017年就任美国总统后，由美方引发的经济制裁与反制裁又为研究反制关税提供了新的案例。现有研究主要讨论反制关税的效果，重点集中在以下三个方面：

第一，反制关税为目标国（本章中指反制裁的对象）带来的经济损失。反制关税会显著减少对方出口产品的市场份额，同时压低其出口的价格，使有关产品和产业在国内和国际市场上陷于不利的地位，甚至影响从业人员的社会福利而导致政治危机。帕布罗·法格尔鲍姆（Pablo Fajgelbaum）等人研究了2018年以来美国实行的保护性关税及其引发的关税报复，发现美国从有关国家的进口减少了2.5%，对其出口下降了9.9%，而这些降幅都与反制关税的规模有关。与大幅下降的出口数量相对应，美国出口产品的价格仅上升了1%，导致美国的产品出口整体因反制关税损失严重。[③]以农业为主导的地区是反制关税的重点打击对象，反制关税结合同期签订的《美加墨自由贸易协定》共同导致当地农业人口的收入大幅下降。[④]

① Harry G Johnson. Optimal Tariff and Retaliation[J]. The Review of Economic Studies, 1953 - 1954, 21（2）：142-153.

② 例如，Perroni 和 Whalley 关注经济全球化背景下地区主义的崛起，并讨论了地区主义是否会导致贸易保护与报复的复兴。参见 Carlo Perroni, John Whalley. How Severe is Global Retaliation Risk under Increasing Regionalism? [J]. The American Economic Review, 1996, 86（2）：57-61.

③ Pablo D Fajgelbaum, Pinelopi K Goldberg, Patrick J Kennedy, et al. The Return to Protectionism [J]. The Quarterly Journal of Economics, 2020, 135（1）：1-55.

④ Chepeliev M, Tyner W. van der Mensbrugghe D. How US Agriculture Will Fare Under the USMCA and Retaliatory Tariffs [J]. GTAP Working Paper 5670, 2018.

迈克尔·沃（Michael Waugh）发现中国对美国的反制关税显著降低了美国民众的消费弹性。尤其是受反制关税影响最严重的1/4人口，其消费增长速度降低了3.8%。[1]针对特朗普政府发动贸易战时提出的振兴制造业的目标，李春顶等人发现贸易战事实上降低了美国制造业的就业水平。因为虽然用本土产品替代海外产品有助于提升就业率，但是反制关税等其他因素对就业率的负面影响大于替代效应的正面影响[2]，总体不利于实现美国发展本土制造业的目标。科林·卡特和桑德罗·斯坦巴赫（Colin karter and Sandro Steinbach）等人将关注点放在反制关税对第三国的影响上，发现第三国客观上从贸易战中受益。由于实施反制关税，中国、欧盟等从美国进口的农产品数量大幅减少，而第三方则从其原本的出口市场转移到中、欧来填补这一市场空缺，其中中东和南美国家获益最大。但整体看来，第三方的收益仍然比关税报复造成的损失少144亿美元，贸易战对国际市场的整体影响是负面的。[3]

第二，反制关税为目标国带来的政治后果。为了最大化地将经济压力转化为对目标国的政治压力，反制关税主要针对在其国内政治中起关键作用的人群。在实行选举的目标国中，关键选区的选民便成为主要对象。张建新等人的研究发现中国和欧盟针对美国的反制关税均从地理分布的角度瞄准了共和党的关键票仓，即这些地区的产业和从业者因反制关税蒙受了更大的经济损失，也增加了这些地区的财政负担。[4]金圣恩和约塔姆·玛格丽特（Kim Sung Eun and Yotam Margalit）的调查证明，这些选民会将这部分损失归咎于特朗普政府的对外政策，并因此降低了对共和党的支持率[5]，实现了反制关税的政治效果。

---

① Waugh M E. The Consumption Response to Trade Shocks: Evidence from the US-China Trade War [J]. NBER Working Paper 26353，2019.

② Li，Chunding，Jing Wang，John Whalley. Trade Protectionism and US Manufacturing Employment [J]. NBER Working Paper 25860，2019.

③ Carter C A.，Steinbach S. The Impact of Retaliatory Tariffs on Agricultural and Food Trade [J]. NBER Working Paper No. 27147，May 2020.

④ 张建新.想象与现实：特朗普贸易战的政治经济学 [J].国际政治研究，2018（5）：93-119.

⑤ Kim S. E.，Margalit Y. Tariffs As Electoral Weapons: The Political Geography of the US–China Trade War [J]. International Organization 75，2021：1-38.

第三，实施关税报复为本国造成的经济损失。反制关税减少了常规商品的进口，所以对反制国（本章指实施反制关税的国家）而言也是高成本的战略选择。一国实施报复的最优战略就是在使本国损失最小化的情况下为对方造成最大程度的损失。迪莫·费策和卡洛·施瓦茨（Thiemo Fetzer and Carlo Schwarz）通过对比中国和欧洲的报复性措施，发现在对特朗普政府实现打击的同时，中方比欧方付出了更大的经济成本。其中的原因便是美欧之间的贸易结构更加均衡，故而欧盟有更大的空间去选择有利于自身的报复策略。而中美贸易结构集中在少数特定的贸易领域，导致中国若要将对美报复的力度最大化，便不得不承受"自损八百"的代价。①

然而，现有研究鲜有触及反制关税为反制国带来的经济收益。作为反制裁的一个重要方式，反制关税的目的在于促使对方取消或修改对己方的歧视性关税或其他制裁手段，从而终止或减轻本国的经济损失。②在关于经济制裁的传统文献中，学者们也往往用彻底的政策改变来标记成功的经济制裁，并得出"经济制裁无效"的结论。③但随着学者们将经济制裁的成功标准逐步放宽，依据目标国政策的变化程度来测量制裁的成功程度④时，经济制裁的边际成功率则有所提高。这一逻辑同样可以应用在经济反制裁的研究中，即在固有制裁政策未能撤销的情况下，去挖掘反制裁在小

① Thiemo Fetzer, Carlo Schwarz. Tariffs and politics: evidence from Trump's trade wars [J]. The Economic Journal, 131（May）, 2020: 1717-1741.

② Skyler J Cranmer, Tobias Heinrich, Bruce A Desmarais. Reciprocity and the structural determinants of the international sanctions network [J]. Social Networks, 2014: 5-22.

③ Gary Hufbauer, Jeffery Schott. Economic Sanctions in Support of Foreign Policy Goals [M]. Washington, DC: Institute for International Economics 1983. Robert Pape. Why economic sanctions do not work [J]. International Security, 22（2）: 90-136.

④ David Baldwin, Robert Pape. Evaluating Economic Sanctions [J]. International Security, 1998, 23（2）: 190. David A Baldwin. Economic Statecraft [M]. Princeton, NJ: Princeton University Press, 1985: 32. 类似地，Cortright and Lopez认为将目标国的完全妥协作为制裁成功的标准过于严苛，并主张能够将目标国带到谈判桌便已能表明经济制裁使目标国做出了行为调整。参见 David Cortright, George A Lopez, The Sanctions Decade: Assessing UN Strategies in the 1990s [M]. Boulder, CO: Lynne Rienner Publishers, 2000。在经济制裁威胁与实施数据库（Threat and Imposition of Economic Sanctions, TIES）中，衡量经济制裁结果的变量也按照达到目的的程度分为多个层次，参见 https://sanctions.web.unc.edu/。

范围内达到的小幅度经济收益。

金元吉和尹汝俊（Wongi Kim and Yeo Joon Yoon）利用美国钢铝关税的产品排除决策检验哪些企业的申请更能够被批准。他们为企业分类的指标包括企业的所在地是否为关键选区以及企业的效益，发现地处2016年大选中共和党获胜的州和效益较差的企业更有可能获得产品排除。[①]虽然这一结论在一定程度上反映出美国商务部审批产品排除的决策受到外部因素的影响，但该研究并没有考虑企业的所属国，以及该所属国是否向美国发起反制关税等国际政治经济因素，故而不能直接回答反制关税的政策效果问题。本章将关税排除决策和反制关税结合起来，综合考虑可能影响美国政府有关决策的多种因素，来弥补关于反制裁的经济收益研究的缺口，以有助于更好地理解制裁与反制裁过程中的决策逻辑。

三、各国对美钢铝反制关税的潜在收益：计量模型构建

（一）理论假设

本章选取美国政府于2018年3月8日施行的232钢铝关税政策作为研究案例。时任总统特朗普以国家安全为由，基于1962年《贸易扩展法》（*Trade Expansion Act*）中第232条赋予总统更改贸易关税的权力，签署行政令向进口钢和铝分别征收25%和10%的关税，涉及进口钢铝产品约合500亿美元。[②]该关税出台的背景是美国商务部自2017年4月20日启动的232调查，意在确定进口钢铝产品是否危害了美国国家利益。在调查报告中，美国商务部认为钢铝产品进口量过大不利于美国经济和国防安全，建议通过征收关税

---

① Wongi Kim, Yeo Joon Yoon. Trump tariffs and firm relief: winners and losers from the steel tariff exclusion request [J]. Applied Economic Letters, 2021, 28（16）: 1357-1362. DOI: 10.1080/13504851.2020.1817301.

② 2020年1月24日，特朗普曾进一步扩大232钢铝关税的产品范围，囊括了部分钢铝衍生品。但该决定被美国国际贸易法院于次年4月5日裁定无效。

使美国国内钢铝产能利用率提升至80%。最终，除少数国家得到豁免之外①，钢铝关税覆盖了美国的绝大多数贸易伙伴，甚至涵盖其欧、日的广大盟友。

在颁布钢铝关税的同时，美国政府还启动了产品排除（Product Exclusion）程序。为减少钢铝关税对国内消费者和有关产业的负面影响，美国境内的企业（含外企）可以针对其需要进口的具体产品提交排除申请，经美国商务部审核后决定是否允许该产品免付进口关税。

232钢铝关税显著提升了有关国家钢铝产品出口的成本。有鉴于此，部分国家针对性地出台了对美出口产品的反制关税，详见表8.1。实施反制关税的国家既包括中国和俄罗斯等美国的战略对手，也包括欧盟、加拿大等传统盟友，甚至还有印度、土耳其等贸易体量相对较小的国家。反制关税涉及的美国出口产品金额由2亿-32亿美元。其中，中国的反制关税出台时间最早、涉及金额最大。

表8.1　有关国家针对美国钢铝关税实施反制关税的情况

国家	涉及美出口产品金额	生效日期	税率	涉及主要美国出口产品
中国	32亿美元	2018.04.02—今	15%～25%	钢铝、猪肉、水果
欧盟	16亿美元	2018.06.22—今	10%～25%	钢材、波本威士忌、摩托车
印度	12亿美元	2018.06.16—今	10%～25%	钢铁、苹果、化学品
土耳其	11亿美元	2018.06.21—今	4%～70%	煤炭、石油焦炭、干果、牛皮纸
俄罗斯	2亿美元	2018.07.06—今	25%～40%	摩托车
加拿大	已取消	2018.07.01—2019.05.17	10%～25%	钢铝、橙汁、西红柿酱、波本威士忌
墨西哥	已取消	2018.06.05—2019.05.17	15%～25%	钢铁、猪肉、苹果、奶酪、波本酒

数据来源：CRS报告。

本章选择232钢铝关税作为研究案例的原因如下：第一，本案例同时涵盖了反制关税和排除决策两种元素。反制关税是经济反制裁的一种表现形

---

① 截至目前，获得钢产品关税豁免的国家包括阿根廷、澳大利亚、巴西、加拿大、墨西哥和韩国。获得铝制品关税豁免的国家为阿根廷、澳大利亚、加拿大和墨西哥。欧盟曾被美国列入临时豁免名单，但由于在谈判中没有接受美方的配额设计方案而最终没有得到钢铝关税豁免。

式，而排除审批的结果不仅反映出美国政府的决策变化，更直接决定着有关企业经济损益的波动，故而本案例适合用来检测经济反制裁的经济收益。第二，相较于针对中国产品301关税[①]，232钢铝关税涉及更多可能影响反制关税政策效果的影响因素。不同于301关税仅针对中国一个国家，232钢铝关税涉及的国家类别多样，在与美双边关系、贸易依存度、是否实施反制关税等方面呈现出足够的差异性，更加适合通过对比检验反制关税的政策效果，并捕捉到影响其效果的具体变量。这对于理解反制关税与经济反制裁的作用机制而言至关重要，是单一国家的反制裁案例研究难以做到的。

根据前文的理论分析，经济反制裁的作用机制为通过施加经济压力提升目标国的制裁成本，从而促使对方调整或取消已经实行的制裁措施。就232钢铝关税而言，有关国家对美施加反制关税的最终目的是减少本国钢铝产业因美方政策而蒙受的经济损失。即便不能从根本上让美国政府撤销232钢铝关税的政策，也要在短期内将本国企业和产品在美方市场中的关税成本降低，即提升它们获得产品排除的概率。故而，如果反制关税确实能够发挥作用，母国实施关税报复的企业应该比其他企业有更大概率获得产品排除。

假设1：与其他企业相比，母国实施关税报复的企业更有可能获得钢铝产品排除的批准。

除去反制关税与产品排除之间的关联性，本章还希望证明二者间存在明确的因果关系，即更高的产品排除概率确实是由反制关税导致的。如果因果关系成立，那么排除概率只会在反制关税出台之后显著提升，且这种效果仅存在于母国为反制国的企业。

假设2：与其他企业相比，母国实施关税报复的企业更有可能获得钢铝产品排除的批准，且这一优势仅出现在反制关税出台之后。

本章检测影响反制关税发挥作用的若干因素。前文提到，在单一的反

---

① 2018年7月起，美国商务部针对进口的中国产品进行了四轮关税加征。受影响的美国企业同样可以向商务部提交产品排除申请。审批过后，美国商务部会统一公布排除商品的清单，以供申请企业自行查看。

制裁案例中，反制国仅能决定报复的金额和覆盖产品。但在本案例中，中、俄、欧、土等经济体分别向美国实施反制裁，属于多个并行的反制关税，所以各国不同的对美关系和贸易依存度均可能对美方的产品排除决议造成差异性影响。然而就232钢铝关税的特点而言，它并不适合检验图1中列出的所有影响因素。例如，232关税仅针对单一钢铝产业及其产品，出于反制裁回应性的特点，反制关税能够影响的利益集团极为有限且差异性不足①，很难看出涉及不同的产品与产业如何影响反制裁的效果。类似地，本案例中的反制国绝大多数为西方认为的民主政体，在政体分布上也缺乏差异性，故而也无法较好地检测国家政体类型如何影响反制关税的政策效果。

在影响反制关税效果的因素中，适合通过本案例进行检测的主要有以下三个：

第一个影响因素是国际关系。丹尼尔·德雷兹纳（Daniel Drezner）在研究经济制裁时发现，盟友之间发生制裁的情况较少，但会有更高的成功率。因为双方均认识到远期不会有更大规模的冲突，反而会更加重视短期内由制裁造成的损失，使得双方尽快通过政策调整结束制裁。②这一理论同样可以使用在反制裁当中。两国关系越密切，经济反制裁传递的对抗信息越能引起目标国的重视，对方作出政策让步的可能性也越大。

假设3a：在其他条件一致的情况下，反制国与美国关系越密切，该国企业成功获得产品排除的概率越高。

第二个影响因素是反制关税为美国带来的经济损失。同主动制裁一样，反制裁的运行逻辑是通过经济压力而促使目标国改变政策，所以能够为目标

---

① 尽管除钢铝产品之外，各国的反制关税也涉及农产品和摩托车等工业制成品（见表8.1），但在产品类别上各国呈现较高的趋同性，不足以造成实证检验所需的差异性。

② Daniel W Drezner, The sanctions paradox: Economic statecraft and international relations [M]. Cambridge, UK: Cambridge University Press, 1999.

国带来最大经济损害的反制裁应是最有效的。[①]在本案例中，反制关税涉及美国出口产品金额越大，越可能提升美国政府继续坚持实施钢铝关税的经济和政治成本，故而越有可能提升企业获得产品免除的概率。

假设3b：在其他条件一致的情况下，反制关税涉及的美国出口产品金额越大，该国企业成功获得产品排除的概率越高。

最后一个影响因素是反制国与美国的贸易依存度。研究军事冲突与贸易关系的学者提出"退出成本"（exit cost）的概念，指代一国切断贸易关系的代价以及在冲突中谈判的能力。该论点认为，一国对其贸易伙伴的依存度越高，即退出成本越高，越可能迫于贸易压力在冲突谈判中向对方作出政策让步。[②]将这一概念应用于反制裁当中，本章认为当美国对一国拥有更高程度的贸易依存度时，由该国实施的关税报复对美国经济的冲击会更大，也更有可能导致美国政府提高该国企业发出的申请获批的概率。

假设3c：在其他条件一致的情况下，美国对反制国的贸易依存度越高，该反制国的企业成功获得产品排除的概率越高。

（二）模型构建与识别策略

在美国海关及边境保卫局（U.S. Customs and Border Protection）自2018年3月23日开始执行232钢铝关税政策之前，美国商务部从3月19日开始正式接受有关企业关于产品排除的申请。[③]本章使用的主要数据来自美国商务

---

① 经济制裁的有关论点参见Margaret Doxey. Economic Sanctions and International Enforcement [M]. London: Oxford University Press，1980. Jaleh Dashti-Gibson，Patricia Davis，Benjamin Radcliff，On the determinants of the success of economic sanctions: An empirical analysis [J]. American Journal of Political Science，1997，41（2）：608-618. William H Kaempfer，Anton D Lowenberg. The Origins and Demise of South African Apartheid: A Public Choice Analysis [M]. Ann Arbor，MI: The University of Michigan Press，1998.

② 参见Crescenzi，Mark J C. Economic Exit，Interdependence，and Conflict [J]. Journal of Politics，2003，65（3）：809-832; Peterson TM. Dyadic Trade Exit Costs and Conflict [J]. Journal of Conflict Resolution. 2014，58（4）:564-591.

③ 参见美国商务部的相关新闻发布 https://www.commerce.gov/news/press-releases/2018/03/us-department-commerce-announces-steel-and-aluminum-tariff-exclusion。

部自2018年4月至2020年4月公布的钢铝产品排除申请的审批结果[①]，共计68248条记录，涉及976家企业。该数据包含申请的信息，如提交申请的时间、审批结果，以及公布审批结果的时间；发出申请的企业信息，如企业及其母公司的名称、所在地、所属国等；申请关税排除的产品信息，如该产品的原产国、申请排除的产品名称和具体数量等。

因变量是美国商务部对于企业i在时间t就j国生产的产品提出产品排除申请的审批结果i_{jt}。当审批通过，即有关商品获得关税排除时，结果i_{jt}取值为1；当申请被否决时，取值为0。[②]

本章的主要自变量首先是反制关税i，指代提交申请的企业母国是否对美国施加了反制关税。举例来说，若母国是欧盟国家的企业A向美国商务部提交排除申请a，因为欧盟国家对美国实施了反制关税，申请a在反制关税i一项中的取值为1。若母国为日本的企业B提交排除申请b，因为日本并未对美国实施反制关税，申请b的反制关税i中的取值为0。

可能影响反制关税实施效果的因素包括国际关系、反制关税金额，以及美国对反制国的贸易依存度。国际关系指实施反制关税的国家与美国双边关系的密切程度，在这里依据美国商务部工业与安全局（Bureau of Industry and Security，BIS）制定的国家组别（Country Group）由近到远分为3组。国家组别是BIS在《出口管制条例》（Export Administration Regulations，EAR）中对各国的分类，用以决定向该国出口是否需要许可证排除及许可证的类别。国家组别共包括A—E五组，其中A组包括了绝大多数与美国友好的西方国家，E组为与美国关系最不友好的国家，如古巴、伊朗、朝鲜等。中国和俄罗斯处于D组。由于E组中的国家基本与美国不存在

---

① 数据来源：https://232app.azurewebsites.net/steelalum。其后由于美国商务部相关网站的技术原因，使得232钢铝关税的排除申请数据无法下载，所以无法更新至最新日期。但从2020年起，232钢铝关税的征收力度大幅下降，也因此使得2018、2019年的数据更具代表性。

② 美国国会研究服务所（Congressional Research Service，CRS）的报告显示，除去批准与否决之外，美国商务部对产品排除审批结果中还有5%处于待裁决状态（pending）。该部分观测值不在本次分析之列。

贸易关系，产品排除数据中也没有涉及这些国家的记录，而C组的具体名单始终未公开，因此本章将A，B，D三组的国别名单作为分类依据。处于A组中的国家同美国关系最为密切，由该国企业发起的申请记录在国际关系i一项取值为1；处于B组中的国家在国际关系i一项取值为2；处于D组中的国家在国际体系i一项取值为3。

选择EAR的国家组别作为测量国际关系依据的原因是其一方面基本符合美国当下的国际关系现状，另一方面又强调了美国对外贸易关系的分布状况。学界一般用来测量两国关系的方法主要有两个：一是按照军事防御协定的签署情况判定两国归为盟友与非盟友[1]，二是追踪两国在联合国大会中投票结果的一致性。[2]但这两种测量方法均不能很好地反映国家间的政治互信。例如，美国与印度并未签署军事协定，若因此将印度归为美国的非盟友，则印度与中国在对美关系中的取值相同。但就美印而言，其政治互信的程度远高于中美，所以将中印划分为一组并不符合现实。就联合国大会投票而言，其投票结果在很大程度上取决于具体决议的内容和类别，而并不能准确反映国际关系中的变化。[3]

为了测量反制关税的金额水平，本章将表8.1中除加拿大和墨西哥之外的其他5个国家按照"涉及美出口金额"进行排序，生成反制关税金额i。俄罗斯对美反制关税涉及出口金额最小，因此母国为俄罗斯的企业所提交的产品排除申请在反制关税金额i中取值为1。而中国的反制关税涉及金额最大，中国企业的申请反制关税金额i取值为5。贸易依存度i_{t-1}由企业母国与

---

① "战争相关因素"项目数据库（Correlates of War，COW）中，即通过追踪军事防御协定、互不侵犯协议等文件的签署情况来判定两国是否为同盟国。参见https://correlatesofwar.org/data-sets/formal-alliances，2021年10月23日访问。

② 例如，Christina Davis 等人在研究国际关系对双边贸易的文章中，采取了两种方法来测量国家间的政治关系，一种是负面政治事件的记录，另一种即为联合国大会中的投票情况。详情参见C. Davis，Fuchs A.，Johnson K.（2014）. State Control and the Effects of Foreign Relations on Bilateral Trade [J]. Journal of Conflict Resolution，2019，63（2）：405-438.

③ 参见Khan M.Z.I. Is Voting Patterns at the United Nations General Assembly a Useful Way to Understand a Country's Policy Inclinations: Bangladesh's Voting Records at the United Nations General Assembly [J]. SAGE Open，2020，10（4）：1-16.

美国的年度贸易额（进口＋出口）除以美国的年度GDP计算而成，采用企业发出申请前一年的贸易数据测量而成。

本章采用倍差法（Difference-in-Differences）来检验反制关税与排除概率间的因果关系。反制国 i 指代对美施加反制关税的国家，由该国企业发出的申请取值为1，作为实验组（treatment group）。因为在首个关税排除结果出台之前中国已经对美实施了反制关税，因此中国企业的数据无法反映报复排除概率在关税前后的变化，故而舍去中国企业的申请记录（12项）。控制组（control group）为未对美施加反制关税的国家，由该国企业发出的申请在反制关税实施国 i 中取值为0。本章以2018年6月为节点将数据分为两期，在此之前的申请处于反制关税实施前，反制关税时间 t 取值为0，之后的申请为反制关税实施之后，反制关税时间 t 取值为1。反制关税时间 t 和反制国 i 的交互项则可以反映在实施反制关税后实验组相较于控制组在排除概率上的变化情况。

控制变量包括一系列可能影响特定企业申请获批概率的因素。第一个是排除申请是否发生在美国中期选举之前。2018年11月美国举行中期选举，为提升选区中企业对执政党的支持率，美国政府在中期选举之前可能会更加倾向于批准企业的排除申请，而这一倾向可能会在中期选举之后有所减弱。2018年11月之前的产品排除申请记录在中期选举 t 中的取值为1，否则为0。第二个控制变量是发出申请的企业是否位于美国中期选举的摇摆州。因为摇摆州的选票对于选举结果有着决定性的作用，故而摇摆州内企业的申请有更大获批的可能。[①]本章依据2018年中期选举结果的胜率（Margin-of-victory,

---

① 研究表明候选人在竞选过程中会将更多资源投入到摇摆州中。相关研究参见Nagler, Jonathan, Jan Leighley. Presidential Campaign Expenditures: Evidence on Allocations and Effects [J]. Public Choice 1992, 73（3）: 319-333; Shaw, Daron R. The Race to 270: The Electoral College and the Campaign Strategies of 2000 and 2004 [M]. Chicago: University of Chicago Press, 2006. 此外，在钢铝关税的排除审批当中，在2016年总统竞选中强烈支持特朗普的州，其内部企业获批的概率显著高于其他地区的企业。参见Wongi Kim and Yeo Joon Yoon, 2021.

MOV）划分摇摆州：获胜党的胜率[1]小于5%的州被定义为摇摆州，其境内的企业发出的申请在摇摆州 i 中取值为1，否则为0。

第三个控制变量为申请产品的原产国 j 与美国的国家关系。原产国指申请关税排除的产品由哪一国生产。如果一家母国为日本的企业须从中国进口钢铝产品至美国，并为此产品申请产品排除，则该产品的原产国为中国，国际关系（产地）j 测量的则是中美关系。但由于每项排除申请中涉及的产品多由数个国家同时供应，美国商务部提供的排除申请表格中每次共可填写5个产地，而这些原产国同美国的关系也各不相同。因此，本章在这里按照产品原产国的组合情况为国际关系（产地）j 分组。当一项申请包含的5个原产国均与美国关系友好（即在国家组别中位于A组）时，该申请的国际关系（产地）j 取值为1。当5个原产国均与美国关系不友好（D组）时，该申请在国际关系（产地）j 中取值为3。当原产国为B组国家时，国际关系（产地）j 取值为2，代表较为中性的国际关系。

第四个控制变量为美国232钢铝关税政策的实施时长，因为政策实施的严格程度可能会随其政策出台的时长而改变。随政策环境变化，美国商务部对于排除申请的批准概率可能会整体增高或降低。关税实施时长 i, 为企业申请产品排除的时间距2018年3月钢铝关税的出台时间的月份数。最后一个控制变量为申请企业的资产规模。规模更大的企业可能拥有更多的资金和资源对美国政府进行游说，或对美国国民经济的发展有更大的重要性。因此政府会更加重视这些企业的诉求[2]，使得这些企业的排除申请有更高的获批概率。企业规模为企业在提出申请的前一年的总资产（ln），数据来自标普资本智商库（S&P Capital IQ）。表8.2列举了主要变量的统计特征描述。

---

① 胜率的计算方法为胜者获得的选票占总选票的份额，减去第二名候选者获得的选票份额。如排名第一的候选者获得47.2%的选票，排名第二的候选者获得45.8%的选票，胜率则为47.2%-45.8%=1.4%。

② 研究企业游说活动的学者发现，企业规模是影响其游说意愿和能力的重要因素，而其游说的后果也反映在该国的对外贸易政策中。参见Matilde Bombardini. Firm heterogeneity and lobby participation [J]. Journal of International Economics，2008，75（2）：329-348。

表8.2　变量描述性统计

变量	样本量	平均值	标准差	最小值	最大值
获批率	18320	0.81	0.39	0	1
反制关税	18320	0.60	0.49	0	1
贸易依存度	18320	0.01	0.01	0.00	0.003
中期选举	18320	0.74	0.44	0	1
摇摆州	18320	0.16	0.36	0	1
国际关系（母国）	18320	1.01	0.96	1	3
国际关系（产地）	18320	1.06	0.32	1	3
企业规模（ln）	18320	10.79	2.76	−3.55	19.31
反制关税时间	18308	0.96	0.18	0	1
反制关税金额	11052	3.99	0.11	2	5

注：统计值精确到小数点后两位。由于企业规模来自其他数据源，合并过程中损失了一部分企业的申请记录。

四、计量结果与进一步探讨

（一）计量结果

假设1检测母国实施反制关税的企业是否会比其他企业有更大概率获得产品排除，表8.3中的模型1～3报告了Logit模型的统计结果。模型2～3依次加入了州固定效应和时间（月）固定效应，用以控制在州和月份层面一致的、无法直接观测的个体差异。企业母国与美国的国际关系（母国）i以及贸易依存度i_{t-1}在此被用作控制变量。结果表明，在3个模型中，反制关税i一项始终为正显著（$p<0.01$），表明母国施加关税报复的企业比其他企业有更大概率获得产品排除，支持了假设1。

表8.3　母国实施反制关税对企业申请获批率的影响

	（1）	（2）	（3）
反制关税	0.927***	0.588***	0.583***
	（0.0978）	（0.1000）	（0.100）
中期选举	−1.097***	−1.017***	−0.991***
	（0.0625）	（0.0658）	（0.0669）

续　表

	（1）	（2）	（3）
摇摆州	−0.0329	0.842***	0.857***
	（0.0632）	（0.121）	（0.121）
国际关系（母国）	0.938**	−0.551	−0.569
	（0.464）	（0.433）	（0.440）
国际关系（产地）	−0.512***	−0.347***	−0.348***
	（0.0562）	（0.0632）	（0.0630）
贸易依存度	1,483***	938.4***	912.9***
	（107.8）	（90.03）	（91.06）
关税实施时长	0.00187***	0.00278***	0.00984***
	（0.000122）	（0.000126）	（0.00258）
企业规模（ln）	−0.0167	0.0152	0.0150
	（0.0110）	（0.0137）	（0.0137）
州固定效应		Y	Y
时间固定效应			Y
观测值	18320	18320	18320

注：括号中报告的是个各系数估计值的稳健标准误差。*** $p<0.01$，** $p<0.05$，
* $p<0.1$。

在控制变量中，中期选举 t 一项在3个模型中始终为负显著，表明排除申请获批的概率在中期选举之前低于选举后，与理论预期相反。在控制了州与时间固定效应后，摇摆州 i 一项为正显著，证实摇摆州内的企业比其他企业有更大的概率获得产品排除，与理论预期一致。同样符合预期的还有贸易依存度和产地对美关系：美国对企业母国的贸易依存度对企业申请获批概率有显著的正向影响；而原产国与美国的国际关系更加密切也提高了产品获得关税排除的概率。此外，产品排除申请概率随232钢铝关税实施的时长而显著提高，似乎表明美国商务部有逐步放松钢铝产品排除审批的趋势。

假设2尝试验证反制关税与产品排除批准概率之间的因果关系。反制关税时间 t 乘以反制国 i 一项的系数在模型4～6（表8.4）中始终显著为正（$p<0.01$）。该结果表明同母国没有实施反制关税的企业相比，反制国的企业在2018年6月（反制关税实施时间）之后的排除获批概率显著提高。故而反

制关税的实施与增高的排除批准率之间不是简单的相关性，而是反制关税切实导致了企业排除申请的批准率，二者之间存在因果关系。假设2在此获得支持性证据。

表8.4　因果关系检验：反制关税与排除申请批准概率

	（4）	（5）	（6）
反制关税时间 × 反制国	1.414***	1.802***	2.043***
	（0.185）	（0.218）	（0.234）
贸易依存度	1538***	873.0***	1747***
	（106.3）	（94.26）	（168.8）
中期选举	−1.082***	−1.020***	−0.132
	（0.0625）	（0.0665）	（0.593）
摇摆州	0.0258	0.987***	1.467***
	（0.0613）	（0.122）	（0.169）
国际关系（产地）	−0.461***	−0.320***	−0.492***
	（0.0574）	（0.0658）	（0.0790）
关税实施时长	0.00144***	0.00238***	0.0176***
	（0.000129）	（0.000134）	（0.00292）
企业规模（ln）	−0.0270**	0.0275**	0.0452***
	（0.0113）	（0.0133）	（0.0139）
州固定效应		Y	Y
时间固定效应			Y
观测值	18308	18308	18308

注：中国企业申请数据因为缺乏反制关税实施前观测值而被删除。括号中报告的是各系数估计值的稳健标准误差。*** $p<0.01$，** $p<0.05$，* $p<0.1$。

控制变量方面，美国对企业母国的贸易依存度，与美国的国际关系和232钢铝关税实施时长的影响仍与前表结果一致。此外，企业规模一项在这里呈现正显著的统计结果，表明在本次统计涉及的企业中，规模越大的企业获得产品排除的概率越高。

表8.5中的模型7～9检测了假设3，即影响反制关税效果的国际关系、报复金额和贸易依存度等因素。这一部分仅分析针对钢铝关税实施反制关税的国家及其企业，母国并未施加报复的企业申请（如母国为日本的企业提交的申请）不在讨论之列。由结果可知，对于反制国的企业而言，随着反制关

税涉及金额的提高，其产品排除申请获批的概率也显著提高（$p<0.01$）。图8.1将关税金额i的边际效应进行了可视化。可以看到，除因为缺乏母国为俄罗斯（反制关税金额$i=1$）的企业申请记录而导致该组结果被省略外，图8.1中的各组企业申请获批的概率随其母国反制关税金额的增长而显著提升。由于观测值数量较少，印度企业（反制关税金额$i=3$）相较于土耳其企业（反制关税金额$i=2$）在获批概率上的优势并不显著，而欧盟企业（反制关税金额$i=4$）和中国企业（反制关税金额$i=5$）较其他组的获批概率则显著提高。假设3a成立。

表8.5　影响反制关税效果的因素：国际关系与关税金额

	（7）	（8）	（9）
反制关税金额	1.428***	1.504***	1.272***
	（0.171）	（0.227）	（0.314）
国际关系（反制国）	−0.464	−2.283***	0.517
	（0.509）	（0.655）	（0.639）
贸易依存度	644.5***	658.3***	472.8*
	（171.7）	（206.6）	（277.8）
中期选举	−1.282***	−1.255***	0.293
	（0.0964）	（0.101）	（0.691）
摇摆州	−0.148	−0.375	−0.432
	（0.0973）	（0.437）	（0.327）
国际关系（产地）	−0.000570	0.225	0.283
	（0.129）	（0.233）	（0.283）
关税实施时长	0.00196***	0.00210***	0.0348***
	（0.000166）	（0.000173）	（0.00474）
企业规模（ln）	−0.136***	0.140***	0.200***
	（0.0181）	（0.0299）	（0.0336）
州固定效应		Y	Y
时间固定效应			Y
观测值	11052	11052	11052

注：括号中报告的是各系数估计值的稳健标准误差。*** $p<0.01$，** $p<0.05$，* $p<0.1$。

而另一个可能影响反制关税效果的因素——反制国与美国的关系则没有获得显著的统计结果，假设3b不成立。这一情况极有可能由国际关系的测量方式所导致。绝大多数国家被划分到国家组别中的 A 组，而实施反制关税的国家中也仅有中国和俄罗斯在 A 组之外。这导致国际关系（反制国）i 的差异性较为有限，从而未能在因变量中造成显著的差异性。但加入州与时间固定效应（模型 8、9）后的回归系数为正，表明国际关系与审批概率至少具备正相关的趋势。后续研究会尝试选取不同的方式来测量国际关系，进一步核实反制国与美国的国际关系是否确实无法影响其反制关税的政策效果。

双边贸易依存度作为最后一个影响政策效果的因素得到了支持性的统计结果。贸易依存度 i_{t-1} 不仅在前两个假设的检测过程中作为控制变量始终报告正显著的回归系数，在模型 7 ~ 9 中也始终为正显著，尽管同时加入州固定效应和时间固定效应之后（模型 9）其显著性有所下降（$p<0.1$）。该结果表明美国对母国贸易依存度越高的企业，其关税免除申请获批的概率越高，支持假设 3c。

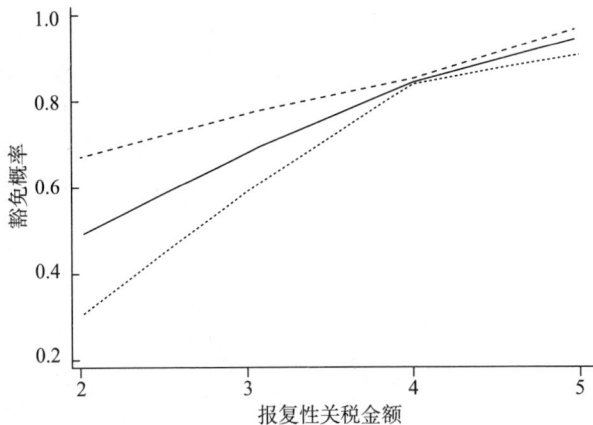

图 8.1　反制关税金额对排除概率的边际效应

注：实线为边际效应系数，虚线为 95% 置信区间。

（二）稳健性检验

为了检验结果的稳健性，本章对样本、时间段和测量方式进行了调整。在前文的分析中，由于加拿大和墨西哥在 2019 年 5 月取消了反制关税，故而被视作未实施反制关税的国家。但在此时间点之前，两国曾对美实施关税报复，而这一举措或许影响着其企业排除申请的审批率。从前文的统计结果来看，反制关税显著提升审批概率，而加、墨两国被划为"未报复组"可能影响最终的统计结果，令反制关税的效果被低估。在稳健性检验中，本章将观测时段由2018年4月—2020年4月调整为2018年4月—2019年5月，同时将加拿大与墨西哥两国标记为反制关税的实施国。

除此之外，本章还调整了倍差法部分的控制组。前文中的控制组为未对美施加反制关税的外国企业。因为美国商务部没有固定的排除通过数量，故而实施或不实施反制关税的企业间并不存在替代效应。换句话说，欧盟国家是否实施反制关税可能会影响其企业在美国申请产品排除的概率，但并不会影响澳大利亚企业排除获批的概率。反而同美国企业相比，外国企业面对的审批标准更加类似，彼此间也具有更强的可比性。即便如此，在稳健性检验中，本章仍改用美国本土企业作为控制组，来检测反制关税与排除批准率的因果关系。经过上述调整后，稳健性测试的系数与显著性同已有结果基本一致。

五、小结

经济反制裁的研究需要回答的核心问题是"经济反制裁的效果如何？"以及"怎样的反制裁战略才能达到最优效果？"。已有文献充分讨论了反制裁在削减经济福利和分化选民方面的影响，本章将反制裁的效果延展到反制国的层面，具体讨论反制裁为其带来的经济收益。在系统性地分析反制裁相较于主动制裁的特点之后，本章整理了反制裁的作用机制和其中运行的相关变量。继而本章以美国钢铝232关税为例，分析了各国施行的反制关税对其在美企业申请产品免除获批概率的作用，并检测了影响这一作用的若干因素。统计结果整体说明反制关税显著提高了有关企业的产品排除申请获批的概率，在一定程度上减轻了有关国家及其企业的经济损失。

由于案例的局限性，本章未能对反制裁作用机制中的全部影响因素进行完整的检验，这一点需要未来的研究加以补充。但本章提出的理论框架，尤其是对决策层面变量的引入，有助于相关学者更准确地分析经济反制裁的效用。从研究经济制裁的相关文献来看，既有的数据库虽然已经通过政策变化程度来衡量经济制裁的边际成功率，但在经济反制裁的领域仍然欠缺对有限经济收益的讨论。反制裁的理论与主动制裁虽然在主体上相似，但二者在微观上的区别还没有得到主流学界的关注。本章从制裁决策的角度切入，希望在发展反制裁理论的同时，也为完善主动制裁理论提供一个新的视角。本章发现的反制裁为反制国带来的经济收益，有助于理解各国实施反制关税背后的决策逻辑，也有助于更全面地评估反制裁的成本与收益，以及可能存在的调整方向。

第九章

关税排除措施新动向及政策含义

拜登政府执政以来，并没有大规模改变特朗普时期的关税政策，仍然保留着对中国3700亿美元输美产品的301关税，以及钢铝232关税，且短期内全面调降的可能性也比较低。本章通过剖析拜登的世界经济观与美国对华经贸政策，把脉拜登政府时期的关税排除措施新动向。在此基础上，结合第一章至第八章的主要结论，分析关税排除措施对中国的政策启示，并提出相应的政策建议。

一、拜登政府时期的关税排除措施新动向

（一）拜登的世界经济观与美国对华经贸政策

要把脉拜登政府时期的关税排除措施新动向，首先要弄清拜登本人的世界经济观和拜登政府的对华经贸政策走向。拜登从政近半个世纪，经历了美国20世纪70年代的滞胀、80年代的里根经济学、90年代的冷战后全球化高潮、2008年金融危机，直到2020年的新冠肺炎疫情。他始终认为在美国领导下建构起来的国际规则和制度体系是世界发展进步的基础。但拜登也认识到，全球化时代美国的内外政策不再有明显的界限，技术进步和自由贸易带来的社会混乱焦虑和经济贫富分化已成为美国继续主导世界的重大国内障碍。他相信民粹主义和民主主义能够减缓全球化浪潮却无法阻挡这一世界大趋势。因此，可以说拜登的世界经济观是一种"修正主义全球化"：一边坚持自由国际主义大方向，一边整合特朗普主义中符合美国中产阶级利益的部分。拜登政府的对华经贸政策恰恰反映了这一两面性。

1. 以"拯救美国中产阶级"为基础的拜登世界经济观

拜登在华盛顿常被人称为"中产阶级乔"，他认为这并不是对他的称赞，但他却引以为傲。在拜登的整个政治生涯里，他一直强调自己出身工人阶层，代表美国的中产阶级，并且他认为支撑美国脊梁的是美国工人，美国的民主体制和强大国力都离不开庞大、健康和不断增长的中产阶级。但是，拜

登认为美国已经走到了一个不进则退的"拐点",近年来美国中产阶级受到严重削弱,美国社会贫富分化、阶层固化,福利体系无力应付经济危机的冲击,年轻一代饱受债务和工作机会减少的打击。如果放任美国中产阶级衰落下去,美国就会变成一个"碎裂的国度",不仅美国的中长期经济前景将会非常暗淡,美国的政治稳定和民主制度都将受到巨大的挑战。因此,拜登认为,要恢复美国的全球领导力就必须重建美国经济,重建美国经济的关键就是"拯救"美国的中产阶级,包括让"中产阶级"本身具有更大的包容性。拜登既不认同特朗普的"美国第一"右翼民粹主义,也不认可桑德斯代表的左翼民粹主义,因为他坚信美国的民主价值观和市场资本主义是最好的选择,虽然在现实中需要加以改进,但不需要激进的、革命性的颠覆。

可以说,拜登是"美国例外论"的坚定信奉者,这正是他与特朗普主义者的根本区别。他认为美国的核心优势是能给任何人提供发展"机会",对"美国梦"的追求会产生无数的"可能性",所以他始终对美国克服眼前的困难保持乐观。但拜登也不得不承认,罗斯福新政以来,美国中产阶级曾经笃信的"社会契约"已经遭到破坏,努力工作不一定能换来更好的生活和更好的社会地位。在拜登看来,美国中产阶级衰落的原因很复杂,不能只看到全球化、自动化和数字化的负面效应,还要看到美国税收体系、福利制度等内在问题。换言之,美国在第四次工业革命和全球经济变革过程中,国内政治决策出了问题,过度偏向资本的持有者和权力精英阶层。美国的出路不是特朗普式的反全球化,拜登认为这与前几次工业革命中的反对者一样于事无补,关键在于政府要推出政策,使工人工资重新匹配不断增长的劳动生产率。拜登经济政策的主要内容即为此目的服务的,其中包括改革税法如增加高收入人群和公司税率,改革医疗和社会保险体系,改革高等教育如大学免费、减免学生贷款,投资基础设施、减缓气候变化,保障工人权益、保护妇女和少数族裔权益,反对垄断、改革政治献金制度。在疫情期间,拜登还特别提出两条建议,一是将美国联邦医疗保险适龄线从65岁降到60岁,二是免除上过公立大学的中低收入者的学生贷款。

总之，在拜登眼中，所谓"中产阶级"不仅是具体的家庭收入，而且是一整套美国价值观和生活方式，其核心思想非常接近罗斯福的"四大自由"。在这一点上，拜登和美国贸易代表莱特希泽的看法是一致的，即美国中产阶级的工作与收入带来的是社会凝聚力和"尊严"，而保护美国中产阶级的关键在于保证能够带来中产阶级收入的工作。

2.以"自我强化"为主轴的美国对华经贸竞争

拜登和民主党的世界经济观植根于其对美国的自我认识。拜登的政治生涯中一直对全球化持支持态度，并不认为在与亚洲、欧洲的经济交往中，美国吃了大亏，更不认为美国的创新力会输给中国。拜登坚称，当前美国的问题出在内部，出在自身的分裂的政治和错误的政策上。拜登及其核心决策层均认为，美国在对华竞争中要想占上风，关键在于改变自我，重振美国中产阶级，把重点放在国内基建、教育、医疗和能源与科技革命上。同时，拜登的世界经济观中特别强调民主价值观，把团结意识形态和制度近似的国家、鼓动"集权国家"人民追求民主作为重要的经济外交目标。

首先，基于"美国制造"的政治承诺，拜登将延续特朗普留下的对华加征关税政策，作为促进部分工业回流美国的推动力。虽然美国大量企业对关税不满，并在竞选中支持拜登，且拜登本人也反对以关税手段解决中美经贸摩擦，但面对美国强大的保护主义政治需求，以及为了在中美经贸谈判中保留筹码，拜登不会立即撤销加征的关税，至少在名义上将保留这些关税一段时间。拜登称在强化美国自身实力前，不再谈判新的贸易协定，而是要确保现有协定对美国工人是公平的。

其次，拜登将把对华经贸政策矛头指向世界贸易组织和其他国际多边贸易机构的规则斗争。拜登认为特朗普政府的最大失败就是放弃美国的国际领导权，对华采取单边行动，而非团结盟国寻求共同施压。因此，一方面拜登将继续特朗普政府开启的中美双边经贸谈判，在第一阶段协议的基础上要求扩大谈判的范围，更重要的一方面则是协调主要盟友在知识产权、国有企业、补贴、劳工和环保标准、科技等方面形成对华共同立场。

最后，拜登将把特朗普时期的"反共"话语转化为"反腐败"话语。拜登团队已多次强调无意对华搞全面"脱钩"或者"新冷战"，而是在对华竞争中保持特定领域的合作，促使中国按照西方的国际规则行事。但民主党人已经找到了一套新的对华遏压话语，将中俄等国的外交称为"武器化的腐败"，不仅腐蚀美欧发达国家的民主，还削弱、压制发展中国家的民主。拜登政府可能以"反腐败"为名，攻击中国的对美投资和经贸活动，质疑"一带一路"投资和建设，使用金融反恐手段监视国际资金流动，并使用国内法进行跨国长臂管辖。

总的来看，拜登既要部分恢复奥巴马时代的自由主义全球化，又要照顾到影响巨大的特朗普主义，他需要走出第三条道路，直面美国中产阶级萎缩的问题，平衡全球化给美国带来的正负面效应。

（二）拜登政府的对华301关税及排除措施新动向

拜登政府执政一年多以来，仍然保留着对中国3700亿美元输美产品的301关税，短期内难以取消，这是由拜登政府的对华贸易政策导向、国内保护主义政治需求等因素共同决定的。与此同时，拜登政府扩大关税排除措施使用范围具有可行性。事实上，2021年10月，美国新任贸易代表戴琦在美国知名智库"战略与国际研究中心（CSIC）"发表关于美国对华贸易政策讲话时，已经表示将重启关税排除程序[①]，虽然政策总体规模非常有限，但释放了与中国合作的积极信号。

1. 拜登政府短期内难以取消对华301关税

首先，以"美国制造"为核心的贸易政策，决定了拜登政府短期内不愿取消对华301关税。拜登本人虽然反对以关税手段解决中美经贸摩擦，但其上台以来，先后以总统行政令的方式，强化联邦政府的"买美国货"规定，

---

① USTR 于2021年10月5日发布正式通知，启动恢复对华301关税排除产品的程序，范围限定在此前已经排除了的但过期的产品，因此总体规模非常有限；此前没有被排除的产品还是不可能被排除。U.S. Trade Representative. "USTR Requests Comments on Reinstatement of Targeted Potential Exclusions of Products of China Subject to Section 301 Tariffs". October 05, 2021.

审查四类关键产品（芯片、大容量电池、稀土和药品）供应链以减少美国对外国物资的依赖，表明其国际经济政策仍然是以"美国制造"为核心。美国新任贸易代表戴琪在参议院提名确认听证会上的发言，进一步明确了拜登政府的贸易政策。她表示，新政府的贸易政策将把劳动者作为个体来重点关注，而不仅仅是把他们当作消费者，这种贸易政策的重点是就业和工资，而不仅仅是降低价格和增加产品选项。这一理念与美国前任贸易代表莱特希泽一脉相承，戴琪也明确表示美国还没有准备好取消对华关税，对华301关税在一定程度上有助于保护美国企业免受外国补贴竞争的影响。

其次，美国强大的保护主义政治需求，使得拜登政府短期内无法取消对华301关税。在美国两党已经形成一致观点将中国视作战略竞争对手的政治环境下，任何对华政策的软弱都被视为绝对有害。包括共和党议员在内的政治对手已经开始仔细审查拜登顾问团队的声明，准备猛烈抨击任何旨在推翻特朗普时期对华惩罚措施的努力，这些惩罚措施包括关税和技术出口管制。被提名为商务部长的雷蒙多（Gina Raimondo）在参议院提名确认听证会上，拒绝明确承诺将中国公司华为留在国家安全黑名单上，遭到了克鲁兹（Ted Cruz）等共和党参议员的猛烈批评。

最后，在战术层面，拜登政府要为中美经贸谈判保留筹码。即便是美国内部的自由贸易倡导者，如美国前财长保尔森（Hank Paulson）、美国商业圆桌会议（Business Roundtable）等，在呼吁拜登政府削减对华关税的同时，也认为削减关税应该作为中美新一轮贸易谈判的一部分，以换取中国在补贴、国有企业和其他结构性改革方面的让步。美国新任贸易代表戴琪在接受华尔街日报专访时，暗示支持上述对华经贸策略，并表示"好的谈判者都会守住自己的筹码并加以利用"。

2.拜登政府扩大关税排除措施使用范围具有可行性

首先，拜登政府奉行"小院高墙"精准打击政策，关税措施并非首选。拜登政府上台以来，首要目标是保持技术代差和保证供应链安全，对华政策奉行"小院高墙"精准打击。而关税措施打击面广、福利损失大，虽然短期内不会也无法取消，但显然并非首选。拜登本人在竞选时曾明确反对以关税手段解决中美经贸摩擦，但迫于政治压力收回了这一说法。美国国际贸易法院（Court of International Trade）于2021年4月5日，裁定特朗普政府时期试图扩大对钢铝制品加征关税范围的9980号公告无效。而拜登政府允许了特朗普时期的《确保信息通信技术与服务供应链安全》，该规则于2021年3月22日生效，该规则赋予美国商务部禁止交易可能对美国国家安全、外交政策和经济构成特殊威胁的外国信息技术和服务的权力。上述政策取向均显示，拜登政府的政策着力点并非关税措施。

其次，美国USTR运用关税排除手段可避开国会，国内政治压力小。拜登政府已多次强调无意对华搞全面"脱钩"或者"新冷战"，而是在对华竞争中保持特定领域的合作，促使中国按照西方的国际规则行事。但迫于国内政治压力，拜登政府也束手束脚，找不到突破口。而关税排除措施是美国USTR已经实施的措施，进一步提升该措施的力度对于拜登政府来说相对容易。一方面，不会像"取消301关税"这类措施一样，刺激共和党人的神经；另一方面，还可避开国会立法，加快措施落地时间，最大限度帮助拜登政府规避其国内政治压力。

最后，美国提高对华关税排除比率的政策空间很大。截至目前，美国仍然保留着对3700亿美元的中国输美商品加征关税，其中对清单1（340亿美元）、清单2（160亿美元）和清单3（2000亿美元）保持加征25%关税，对清单4A（1200亿美元）保持加征7.5%关税。针对4个清单的排除工作均已结束，所有排除及延期信息全部在USTR网站公开。

USTR的排除标准优先考虑供应链安全，因此与清单1和清单2相比，清单3和清单4A的排除比率大幅降低。清单1、2、3、4A分别收到了来自1221、459、2621和1278家企业的10814、2869、30283和8780份排除申请，其中被批准的排除申请占比分别为33.8%、37.4%、4.9%和6.5%。其原因在于，清单1、2中的商品，如汽车及零件、仪器等，生产技术相对复杂、供应链条更长，短时间内寻找替代品较为不易，在USTR的排除标准中予以优先考虑；而清单3、4A中的商品，如皮革制品、服装、鞋等，生产技术相对简单、供应链条较短，虽然进口金额上的对华依赖度更高，对美消费者的福利损害更大，但短时间内寻找替代品相对容易，因此排除比率较低。

排除到期后，相当比例商品未获得延期，清单1和清单2的排除比率也大幅降低。该现象表明美国保障供应链安全的决心非常明确，并且在稳步推进中，清单1、2最初较高的排除比率只是权宜之计。从美国对华加征关税清单来看，最早出台的清单1、2最符合USTR的301调查初衷，与"中国制造2025"密切相关，且对华依赖度较低，对美经济福利伤害较小。因此，从中长期来看，让美国提升清单1、2的排除比率，相比提升清单3、4A的排除比率更难。2021年10月，USTR启动恢复部分排除产品的程序；2022年3月，该项政策落地，USTR恢复了549种产品（授予排除且获得过延期的产品，但也已经过期）中的352种产品排除。[①]这一排除规模很小，更多的意义是释放了与中国合作的积极信号。

（三）拜登政府的钢铝232关税及排除措施新动向

1.拜登政府不敢轻易取消钢铝产品232关税

美国钢铝产品232关税的经济收益显然是得不偿失。该关税虽然让美国国内钢铝产能有所恢复，但同时导致国内钢铝产品价格显著高于国际价格，严重削弱了下游行业的国际竞争力；其带来的就业增加微不足道，而潜在的就业损失可能是巨大的；同时还遭到了众多国家的关税报复，殃及本国农产品出口。而特朗普政府执意要加征该关税，显然有着精打细算的政治考虑。实现竞选承诺，保住锈带摇摆州的选票，对于特朗普来说，显然比国际整体经济利益更为重要。

而几个钢铝生产大州同时是政治摇摆州的事实，也使得拜登政府为了2022年的中期选举，不敢轻易取消232关税。拜登的商务部长雷蒙多，就曾

---

① U.S. Trade Representative, "USTR Issues Determination of Reinstatement of Certain Exclusions from China Section 301 Tariffs". March 23, 2022.

在2021年4月公开表示，对钢铝征收关税有助于保住美国钢铁和铝行业的就业机会。

2. 拜登政府将在钢铝232关税中联合盟友针对中国

美国钢铝产品232关税已经豁免了大部分安全盟友，在未被豁免的国家/地区中，最大的进口来源地就是欧盟。而2021年5月17日，美国与欧盟就钢铝全球产能过剩问题发表联合声明，称双方会寻求解决途径以结束钢铝关税争端①，并争取在年底前取消这一关税。

如果欧洲在2021年年底被豁免，那么中国就是美国钢铝232关税未被豁免的最大进口来源地，232关税的针对性更为明显。这充分体现了拜登政府的对华战略，就是联合盟友共同对抗中国。

3. 拜登政府重视供应链安全，将继续扩大232关税使用范围

2021年6月，白宫官员透露信息称，美国商务部正考虑对钕磁铁启动232调查，而美国钕磁铁的进口主要来自中国。起因是拜登政府的供应链百日审查报告出炉，该报告指出，钕磁铁在电机和其他设备中起着关键作用，对国防和民用工业用途都很重要。然而，美国这种关键产品严重依赖进口。建议美国商务部评估是否根据1962年《贸易扩展法》第232条对钕磁铁展开调查。

钕磁铁是一种稀土产品，被广泛应用于电子产品，例如硬盘、手机、耳机以及用电池供电的工具等。中国为钕磁铁产能大国，2019年全球钕磁铁总产量为17万吨左右，其中，中国钕磁铁产量为15万吨左右，占比约为90%。新美国安全中心资深研究员马丁·拉塞尔（Martijn Rasser）表示，就钕磁铁而言，232关税将直接针对中国，如果关税足够高，可能会为建立美国国内产业提供经济激励。

此举表明，拜登政府非但不会轻易取消钢铝232关税，还很有可能继续

---

① U.S. Trade Representative, "Joint United States-European Union Statement on Addressing Global Steel and Aluminum Excess Capacity". May 17, 2021.

扩大 232 关税使用范围，以维护特定产品的国际供应链安全，主要针对中国进行精准打击。而这也体现了拜登政府"小院高墙"，对华进行精准打击的战略。

二、美国对华 301 关税排除措施对中国的启示及政策建议

（一）对中国的启示

对于中国来说，美国一方面对华发动贸易战，不断扩大加征关税商品范围并提高税率，另一方面却设置加征关税商品的排除机制，为美国企业大开"后门"。加征关税与排除机制两种手段相叠加，造成了选择性加关税的实际效果。短期来看，美国关税排除机制有效缓解了美国厂商和消费者面临的高关税压力，也使我国产业链获得喘息空间。但长期来看，该机制的标准设定和执行结果对我国构成了产业链转移和产业升级受阻的双重风险。中国应该区别利害，巧妙利用排除机制稳定在华产业链，同时采取对策化解该措施对我国高附加值产业发展的负面影响。

对于美国来说，关税排除机制是美国长期政治战略目标和短期经济利益发生冲突时的一个缓冲器。它避免了美国企业短期承压过大，使其在短期无法找到替代来源的条件下维持正常运作。但它增加了政策不确定性，迫使美国企业在有国内或第三方替代来源的情况下，减少、停止向中国购买，从而达到逐步将产业链移出中国，压制中国战略性产业发展的中长期目标。

从长远来看，美国社会在特朗普政府的政治压力下，被迫提高对华经济"脱钩"的容忍度，美国公司不得不在高额关税与产业链去中国化之间作出选择。美国对加征关税和排除机制的两手运用，无非是想借美国贸易大门的开合引导企业按照美国的战略意图行事。但这一违背基本经济规律的政治高压做法究竟能走多远、走多久，还需要时间的检验。解铃还须系铃人，中美之间重建互惠的贸易安排不可能通过极限施压来实现，只能回到谈判桌上去解决。

（二）政策建议

1.化解关税排除措施对我国高附加值产业发展的负面影响

关税排除措施为特朗普时期对华使用"极限施压"手段提供了额外的国内回旋空间。它使美国企业在短期内无法找到替代来源的情况下，继续维持产业链运转。这一做法给特朗普政府带来贸易战对美国伤害不大的错觉，使其在谈判中能够虚张声势、保持强硬立场，并拉长关税战的时间。

美方加征关税叠加有选择排除的政策组合，将固化中国现有产业链、制约中国产业升级，而且可能加速部分产业链的外移。尽管美国公布了多轮的商品排除清单，但是中国出口企业对此没有给予足够关注。在面临加征关税的情况下，一些出口企业与美国进口商协商分担新增关税。对于此后美方公布的商品排除清单，中国企业也应及时进行跟踪，相关部门也应就排除的最新进展与国内出口企业进行沟通、及时更新信息。

中国宜针对美方排除机制造成的负面影响采取如下应对措施：（1）由国务院关税税则委员会开辟专门信息渠道，方便中国企业获取美国官方排除信息。（2）由各行业协会积极提供海关税号覆盖商品及变更信息指导，鼓励中国企业与美国进口方积极合作，主动提供产品相关信息，提高美国企业关税排除申请质量，争取更多关税排除。（3）对美方不予排除的产品加大对相关生产企业的扶持力度，协助企业开拓非美市场。

2.灵活运用关税排除措施推动中美双边关税实质性下降

众多中国和在华外贸企业在持续近4年的中美贸易摩擦阴霾中，都保持着观望态度。长期来看，对于利润边际较小的外贸企业来说，转移工厂是迫不得已的选择。事实上，2018年以来，我国向越南等东南亚国家的直接投资已经呈现加速态势。而拜登执政是一个关键时间节点，如果外贸企业对拜登政府取消关税的预期完全被打破，那么很多外贸企业将把观望变为实际行动，转移在华供应链。因此，推动双边关税实质性下降非常紧迫。

在具体操作层面，中国应建议中美双方在第一阶段经贸协议的框架下，签订针对关税排除的谅解备忘录，包含以下方面内容：

首先，应建议美方增设市场化采购排除机制。从 USTR 目前的排除工作来看，4 个清单的排除工作均已结束，而 2021 年 10 月恢复的排除延期审查只针对已经获得排除的商品。也就是说，没有获得排除的商品仍然没有机会获得排除。遂应建议美方借鉴中方排除做法，增设市场化采购排除，重启排除措施，扩大排除范围。

其次，建议美方利用市场化采购排除，尽快实质性提升清单 3（2000 亿美元）和清单 4A（1200 亿美元）的排除比率，这两个清单金额巨大，且美方更容易接受，能尽快缓解中国出口企业压力；再进一步敦促美方提升清单 1、2（共 500 亿美元）的排除比率，稳定在华高端供应链。

最后，作为政策对等，中国可适当增加清单排除范围。将市场化采购排除中较为集中的商品增列入清单排除范围，将隐性排除转化为显性排除，降低政策不确定性，对自美进口市场释放善意。

三、美国钢铝 232 关税排除措施对中国的启示及政策建议

（一）对中国的启示

对于美国来说，钢铝产品 232 关税具有一定经济代价，其实施与钢铝产业利益集团的游说和执政者获得选票的私心密不可分。但就此认为钢铝产品 232 关税仅仅是美国国内政治利益争夺下的愚蠢决定，就大大低估了 232 关税措施所能发挥的作用。事实上，232 关税对于特定产品有着强大的全球供应链布局重塑效应。钢铝 232 关税使美国的钢铝进口更多地转向其安全盟友国家，而竞争对手国家在美国钢铝全球供应链中的地位被大幅削弱了，推动钢铝全球供应链向着美国所认为更"安全"的方向发展。也正因如此，非常重视全球供应链安全的拜登政府，极有可能继续扩大 232 关税的使用范围，针对重点产品，对中国进行精准打击。

对于中国来说，钢铝产品 232 关税的打击范围虽小，但在其影响下，中

国2020年输美钢铝产品的贸易额相比2017年都已减半，美国钢铝产品对华进口依赖度，以及中国钢铝产品对美出口市场依赖度都不断下降，已出现经济脱钩迹象。而在拜登政府时期，中国更应重视232关税的全球供应链布局重塑效应。

（二）政策建议

1.建立相应关税机制以应对供应链风险

在中美经贸摩擦和新冠肺炎疫情的双重冲击下，我国供应链安全问题日益凸显。2021年以来，中央已经围绕产业链供应链问题作出多次明确部署，要求强化产业链供应链韧性，开展"补链""强链"专项行动。232关税在特定产品的全球产业链重塑方面具有重大影响和作用，中国可以借鉴这一做法，丰富政策工具箱，以应对我国日益凸显的供应链安全问题。

2.顺应产业发展趋势，对受到232关税打击的产业给予适当疏导

以钢铝产业为例，我国本身就处于淘汰落后高污染产能、由低附加值产品向高附加值产品转换的产业升级路径中。为顺应这一产业升级趋势，对于遭受232关税冲击的低端产能，可以让其实现自然淘汰；而对于遭受232关税的高端产能，要给予扶持，帮助其渡过难关，引导其实现出口目的国多元化。

3.建立232关税预警机制，提前引导风险产品实现出口目的国多元化

鉴于拜登政府极有可能继续扩大232关税使用范围，中国应该密切关注美方动态，积极建立预警机制。对于钕磁铁等风险产品，要提前引导国内企业实现出口多元化，以应对未来可能遭受的美国关税冲击。

参考文献

[1] 北京大学中国经济研究中心课题组.中国出口贸易中的垂直专门化与中美贸易 [J].世界经济，2006（5）:3-11+95.

[2] 陈思翀.中企对美投资是否受到歧视：基于CFIUS审查交易的分析[C].第八届CF40-PIIE中美经济学家学术交流会.2019年5月11日.

[3] 崔晓敏.中国与全球产业链：理论与实证[M].上海三联书店，2021.

[4] 蔡昉.双循环论纲[M].广东人民出版社，2021.

[5] 代中强.美国知识产权调查引致的贸易壁垒：特征事实、影响及中国应对[J].国际经济评论，2020（3）:107-122.

[6] 樊海潮，张丽娜.中间品贸易与中美贸易摩擦的福利效应：基于理论与量化分析的研究[J].中国工业经济，2018（9）:41-59.

[7] 冯碧梅，赵涤非.贸易政策政治经济学研究进展[J].经济学动态，2019（12）:138-152.

[8] 葛琛，葛顺奇，陈江滢.疫情事件：从跨国公司全球价值链效率转向国家供应链安全[J].国际经济评论，2020（4）:67-83.

[9] 郭美新，陆琳，盛柳刚，等.反制中美贸易摩擦和扩大开放[J].学术月刊，2018，50（6）:32-42.

[10] 雷小苗，高国伦，李正风.日美贸易摩擦期间日本高科技产业兴衰启示[J].亚太经济，2020（3）:65-73+150.

[11] 李春顶，何传添，林创伟.中美贸易摩擦应对政策的效果评估[J].中国工业经济，2018（10）:137-155.

[12] 刘彬，明元鹏，陈伟光.守成国与崛起国的贸易摩擦——基于中美和日美贸易摩擦的比较分析[J].国际贸易，2019（12）:12-18.

[13] 卢锋.产品内分工[J].经济学（季刊），2004（4）:55-82.

[14] 吕越，娄承蓉，杜映昕，等.基于中美双方征税清单的贸易摩擦影响效应分析[J].财经研究，2019，45（2）:59-72.

[15] 倪红福，龚六堂，陈湘杰.全球价值链中的关税成本效应分析——兼论中美贸易摩擦的价格效应和福利效应[J].数量经济技术经济研究，2018，35（8）:74-90.

[16] 潘圆圆，张明.CFIUS权限扩展第一步:试点计划[J].中国外资，2019（7）:90-92.

[17] 任琳."百年未有之大变局"下的全球治理体系改革[J].当代世界，2020（3）:60-65.

[18] 沈四宝.美国、日本和欧盟贸易摩擦应对机制比较研究——兼论对我国的启示[J].国际贸易，2007（2）:54-61.

[19] 盛斌.贸易保护的新政治经济学:文献综述[J].世界经济，2001（1）:46-56.

[20] 苏庆义，高凌云.全球价值链分工位置及其演进规律[J].统计研究，2015，32（12）:38-45.

[21] 王敏.美欧贸易摩擦与多哈回合谈判[D].南京大学，2011.

[22] 王直，魏尚进，祝坤福.总贸易核算法:官方贸易统计与全球价值链的度量[J].中国社会科学，2015（9）:108-127+205-206.

[23] 肖河，潘蓉.大国竞争视角下的日美贸易冲突——对"广场协议叙事"的再审视[J].国际经济评论，2020（4）:98-115.

[24] 徐曼，吕博等.美欧大飞机补贴争端[J].中国经贸，2013（11）:38-43.

[25] 姚曦.国际补贴规则的新动向及中国改革建议[J].东北师大学报（哲学社会科学版），2019（6）:147-150.

[26] 姚枝仲.新冠疫情与经济全球化[J].当代世界，2020（7）:11-16.

[27] 张建新.想象与现实:特朗普贸易战的政治经济学[J].国际政治研究，2018（5）:93-119.

[28] 张晓晶.发达经济体"长期停滞"新常态与中国应对方略[J].开放导报，

2015（2）:7-11.

[29] 张宇燕.理解百年未有之大变局[J].国际经济评论，2019（5）:9-19.

[30] 张宇燕.后疫情时代的世界格局："三超多强"?[J].世界经济与政治，2021（1）:1.

[31] 赵春明，何艳.对日美贸易摩擦的回顾与展望[J].现代日本经济，2001（4）: 1-5+44.

[32] 赵海，姚曦，徐奇渊.从美国对华加征关税商品排除机制看中美贸易摩擦[J].银行家，2020（1）:100-103.

[33] 周政宁，史新鹭.贸易摩擦对中美两国的影响:基于动态GTAP模型的分析[J].国际经贸探索，2019（2）:20-31.

[34] Arkolakis C, Costinot A, Rodríguez-Clare A. New trade models, same old gains?[J]. American Economic Review, 2012, 102（1）: 94-130.

[35] Autor D H, Dorn D, Hanson G H. The China syndrome: Local labor market effects of import competition in the United States[J]. American Economic Review, 2013, 103（6）: 2121-2168.

[36] Balassa B A. Trade liberalization among industrial countries: objetives and alternatives[R]. New York: McGraw-Hill, 1967.

[37] Baldwin R E. The political economy of trade policy: integrating the perspectives of economists and political scientists. The political economy of trade policy: Papers in honor of Jagdish Bhagwati[M]. The MIT Press, 1996.

[38] Baldwin R E. Globalisation: the great unbundling（s）[R]. Economic council of Finland, 2006.

[39] Baldwin R E. Global supply chains: why they emerged, why they matter, and where they are going[J]. CEPR Discussion Paper, 2012.

[40] Bonomi G, Gennaioli N, Tabellini G. Identity, beliefs, political conflict[J]. The Quarterly Journal of Economics, 2021, 136（4）: 2371-2411.

[41] Caliendo L, Parro F. Estimates of the Trade and Welfare Effects of NAFTA[J]. The Review of Economic Studies, 2015, 82（1）: 1-44.

[42] Costinot A, Rodríguez-Clare A. Trade theory with numbers: Quantifying the consequences of globalization[M]//Handbook of international economics. Elsevier, 2014, 4: 197-261.

[43] Dorn D, Hanson G, Majlesi K. Importing political polarization? The electoral consequences of rising trade exposure[J]. American Economic Review, 2020, 110（10）: 3139-3183.

[44] Dür A, Mateo G. Public opinion and interest group influence: how citizen groups derailed the Anti-Counterfeiting Trade Agreement[J]. Journal of European Public Policy, 2014, 21（8）: 1199-1217.

[45] Eaton J, Kortum S. Technology, geography, trade[J]. Econometrica, 2002, 70（5）: 1741-1779.

[46] Francois J, Baughman L, Anthony D. The Estimated Impacts of Tariffs on Steel and Aluminum[J]. Trade Partnership Worldwide Policy Briefs, 2018.

[47] Gereffi G, Humphrey J, Sturgeon T. The governance of global value chains[J]. Review of international political economy, 2005, 12（1）: 78-104.

[48] Grossman G, Helpman E. Protection for Sale [J]. American Economic Review, 1994，84（4）: 833-850.

[49] Grossman G M, Helpman E. Trade wars and trade talks[J]. Journal of political Economy, 1995, 103（4）: 675-708.

[50] Grossman G M, Helpman E. The Politics of Free-Trade Agreements[J]. The American Economic Review, 1995: 667-690.

[51] Grossman G M, Helpman E. Integration versus outsourcing in industry equilibrium[J]. The quarterly journal of economics, 2002, 117（1）: 85-120.

[52] Grossman G M, Helpman E. Outsourcing in a global economy[J]. The

Review of Economic Studies, 2005, 72（1）: 135-159.

[53] Grossman G M, Helpman E. Identity politics and trade policy[J]. The Review of Economic Studies, 2021, 88（3）: 1101-1126.

[54] Grossman G M, Rossi-Hansberg E. Trading tasks: A simple theory of offshoring[J]. American Economic Review, 2008, 98（5）: 1978-1997.

[55] Grossman G M, Rossi - Hansberg E. Task trade between similar countries[J]. Econometrica, 2012, 80（2）: 593-629.

[56] Hufbauer G C, Jung E. Scoring 50 years of US industrial policy, 1970– 2020[R]. Peterson Institute for International Economics, 2021 November.

[57] Hummels D, Ishii J, Yi K M. The nature and growth of vertical specialization in world trade[J]. Journal of international Economics, 2001, 54（1）: 75-96.

[58] Johnson R C, Noguera G. Fragmentation and trade in value added over four decades[R]. NBER Working Paper, 2012.

[59] Jones R W, Kierzkowski H. The Role of Services in Production and International Trade: A Theoretical Framework[M]// JONES R, KRUEGER A. The Political Economy of International Trade. Oxford, U.K.: Basil Blackwell, 1990: 31-48.

[60] Maggi G, Ossa R. Are trade agreements good for you? NBER Working Paper No. 27252, 2020.

[61] Maggi G, Ossa R. The political economy of deep integration[J]. Annual Review of Economics, 2021, 13: 19-38.

[62] Mayer W. Endogenous tariff formation [J]. American Economic Review, 1984, 74（5）: 970-985.

[63] Moore M O. The rise and fall of big steel's influence on US trade policy[M]. The political economy of trade protection. University of Chicago Press, 1996: 15-34.

[64] Mukand S W, Rodrik D. The political economy of liberal democracy[J]. The Economic Journal, 2020, 130（627）: 765-792.

[65] Qiu L D, C Q Zhan, X Wei. An analysis of the China–US trade war through the lens of the trade literature [J]. Economic and Political Studies, 2019, 7（2）: 148-168.

[66] Rodrik D. Political economy of trade policy [J]. Handbook of international economics, 1995, 3: 1457-1494.

[67] Rodrik D. What do trade agreements really do?[J]. Journal of economic perspectives, 2018, 32（2）: 73-90.

[68] Rodrik D. Why does globalization fuel populism? Economics, culture, and the rise of right-wing populism[J]. Annual Review of Economics, 2021, 13: 133-170.

[69] Simone Salotti; Paola Rocchi; Jose Manuel Rueda-Cantuche and Inaki Arto, 2019. "Macroeconomic effects of US tariff on steel and aluminum: who would pay the bill?", JRC Working Papers JRC112036, Joint Research Centre（Seville site）.

[70] Young A R. Not your parents' trade politics: the Transatlantic Trade and Investment Partnership negotiations[J]. Review of International Political Economy, 2016, 23（3）: 345-378.

[71] Young A R. Intergovernmental policy makes transnational politics? The unusually transnational politics of TTIP[J]. Cambridge Review of International Affairs, 2017, 30（5-6）: 527-548.